Study Guide for

GERMAN:
A STRUCTURAL APPROACH

Third Edition

Walter F. W. Lohnes and F. W. Strothmann
Stanford University

W· W· Norton & Company · New York · London

Copyright © 1981, 1973, 1970 by W. W. Norton & Company, Inc.

ISBN 0-393-95064-6

Printed in the United States of America

W. W. Norton & Company, Inc. 500 Fifth Avenue, New York, NY 10110
W. W. Norton & Company Ltd. 25 New Street Square, London EC4A 3NT

1 2 3 4 5 6 7 8 9 0

CONTENTS

PREFACE *vii*

UNIT 1 *1*

Grammar in a Nutshell *1*
  Verbs *1*
  Sentence Structure *1*
  Sentence Intonation *2*
Programmed Exercises *3*
Grammar in a Nutshell *4*
  du and *ihr* vs. *Sie* *4*

UNIT 2 *4*

Grammar in a Nutshell *4*
  Articles and Nouns *4*
Programmed Exercises *4*
Grammar in a Nutshell *5*
  Irregular Verb Forms *5*
Programmed Exercises *5*
Grammar in a Nutshell *5*
  Cases and Genders *5*
Programmed Exercises *6*

UNIT 3 *7*

Grammar in a Nutshell *7*
  Word Order *7*
Programmed Exercises *9*
Grammar in a Nutshell *10*
  Negation *10*
  noch, schon, mehr *11*
Programmed Exercises *11*
Grammar in a Nutshell *12*
  doch *12*

UNIT 4 *12*

Grammar in a Nutshell *12*
  Modals *12*
Programmed Exercises *13*
Grammar in a Nutshell *14*
  Contrast Intonation *14*
  Imperative *14*

Review Exercise, Units 1–4 *15*

UNIT 5 *17*

Grammar in a Nutshell *17*
  Dative Case *17*
  Prepositions *17*
Programmed Exercises *17*
Grammar in a Nutshell *19*
  Inner Field: Word Order *19*
Programmed Exercises *19*

UNIT 6 *20*

Grammar in a Nutshell *20*
  The Perfect *20*
Programmed Exercises *22*
Grammar in a Nutshell *23*
  Time Phrases *23*
Programmed Exercises *24*

UNIT 7 *25*

Grammar in a Nutshell *25*
  Past Tense *25*
  The Pluperfect *26*
  Use of Tenses *26*
  Time Phrases *26*
Programmed Exercises *26*

UNIT 8 *29*

Grammar in a Nutshell *29*
  Verb-Last Position *29*
Programmed Exercises *30*
Grammar in a Nutshell *31*
  Imperatives *31*
Programmed Exercises *31*

UNIT 9 *32*

Grammar in a Nutshell *32*
  The Subjunctive *32*
Programmed Exercises *34*
Summary of Verb Forms *37*

Review Exercise, Units 1–9 *37*

UNIT 10 *40*

Grammar in a Nutshell *40*
  Prepositions *40*
Programmed Exercises *40*
Grammar in a Nutshell *41*
  The Genitive Case *41*
Programmed Exercises *42*
Grammar in a Nutshell *43*
  ein-Words without Nouns *43*
Programmed Exercises *43*

UNIT 11 *44*

Grammar in a Nutshell *44*
  Indirect Discourse *44*
Programmed Exercises *44*
Grammar in a Nutshell *44*
  Alternate Subjunctive *44*
Programmed Exercises *45*

Grammar in a Nutshell 46
als, ob, wann, wenn 46
Programmed Exercises 46

UNIT 12 48

Grammar in a Nutshell 48
Relative Pronouns 48
Programmed Exercises 48
Grammar in a Nutshell 49
da-Compounds, *wo*-Compounds 49
Programmed Exercises 49
Grammar in a Nutshell 50
Prepositional Objects 50
Programmed Exercises 51

UNIT 13 52

Grammar in a Nutshell 52
Infinitives 52
Time Relationships 52
Objective and Subjective
Use of Modals 53
Programmed Exercises 54
Grammar in a Nutshell 56
Sentence Adverbs 56
Programmed Exercises 57

UNIT 14 58

Grammar in a Nutshell 58
The Emphatic Pronoun *Selbst*
(*selber*) 58
Programmed Exercises 58
Grammar in a Nutshell 59
Reflexive Verbs 59
Programmed Exercises 61

UNIT 15 62

Grammar in a Nutshell 62
Adjectives 62
Programmed Exercises 63
Grammar in a Nutshell 65
hin and *her* 65
Programmed Exercises 66
Grammar in a Nutshell 66
Review of Negation 66
Programmed Exercises 67

UNIT 16 68

Grammar in a Nutshell 68
Infinitives 68
Programmed Exercises 72

UNIT 17 74

Grammar in a Nutshell 74
Adjectives 74
Programmed Exercises 76

UNIT 18 78

Grammar in a Nutshell 78
The Passive 78
Programmed Exercises 79
Grammar in a Nutshell 80
The Impersonal *es* 80
Programmed Exercises 81
Grammar in a Nutshell 81
Pre-Noun Inserts 81

LABORATORY EXERCISES 83

Unit 1 85
Unit 2 88
Unit 3 92
Unit 4 94
Unit 5 97
Unit 6 100
Unit 7 103
Unit 8 105
Unit 9 109
Unit 10 112
Unit 11 115
Unit 12 119
Unit 13 122
Unit 14 125
Unit 15 129
Unit 16 133
Unit 17 136
Unit 18 138

ADDITIONAL EXERCISES 145

Unit 1 147
Unit 2 149
Unit 3 151
Unit 4 153
Unit 5 157
Unit 6 159
Unit 7 161
Unit 8 163
Unit 9 165
Unit 10 169
Unit 11 171
Unit 12 173
Unit 13 177
Unit 14 181
Unit 15 183
Unit 16 185
Unit 17 187
Unit 18 191

PREFACE

This Study Guide has been revised to fit the new format of the Third Edition of *German: A Structural Approach.* It is not altogether new, however, since it retains the techniques that worked effectively in the Study Guide for the Second Edition.

In order to point out to the student the most significant features of German grammar, we have summarized the most important portions of the analysis paragraphs in each unit. These summaries appear under the heading *Grammar in a Nutshell* and are frequently presented in the form of diagrams, so that the student can perceive at a glance what the unit covers. These grammar-in-a-nutshell sections also serve as quick reviews. Students who feel that they do not have complete control of the material can go back to the analysis in the text itself. Cross-references to topics and page numbers in the text are provided in the margins.

As a further means of checking progress, the student is then advised to go on to the *Programmed Exercises* which follow each grammar-in-a-nutshell section. These programmed exercises again review the material of the analysis sections and give the student a chance to check his or her knowledge immediately. Each item in these sections contains a blank space, indicating a response to be supplied. Correct answers are given in the margin and can be covered by the masking card (attached to the cover of this manual), while the student responds to the questions. Also, there are some *Additional Exercises* at the back which can be removed from the Study Guide to be collected by the teacher.

Finally, the Study Guide contains the text of most *Laboratory Exercises* and instructions for all of them. The pattern sentences are given without translations so that the student can concentrate on the German text reviewed on the tape.

Stanford, California   WFWL
February 1981   FWS

Study Guide for

GERMAN:
A STRUCTURAL APPROACH

Third Edition

UNIT 1

A word of advice: In language learning, each successive step depends completely on your mastery of what you have learned before. It is essential, therefore, that you get a thorough and complete grasp of the material in Unit 1; you should, in effect, memorize every word in this unit and be able to do all exercises automatically and without the slightest hesitation. If, in your first unit test, you make more than just one or two mistakes, you should take this as a signal to return to Unit 1 for a thorough review.

Unit 1 contains some of the most basic features of the German language. Be sure you understand the significance of all of them:
a. VERBS: infinitives
conjugation of present tense
b. SENTENCE STRUCTURE: verb-second position
sentence intonation
c. PERSONAL PRONOUNS: *du* and *ihr* vs. *Sie*
d. NOUNS: gender and plurals

A. Grammar in a Nutshell

VERBS

See Analysis
2 (p. 9)

1. INFINITIVES have the ending *-EN*.
   Exceptions: sei-n, tu-n

See Analysis
3 (p. 9)

2. PRESENT TENSE: be sure you know the endings.

Singular $\begin{cases} \text{-E} \\ \text{-(E)ST} \\ \text{-T} \end{cases}$ Plural $\begin{cases} \text{-EN} \\ \text{-(E)T} \\ \text{-EN} \end{cases}$

See Analysis
4 (pp. 9-10)

Remember: German has NO PROGRESSIVE FORMS
NO EMPHATIC   FORMS

Thus: I go
I am going $\Big\}$ all correspond to *ich gehe.*
I do go

See Analysis
7 (pp. 10-11)

sein has irregular forms. Memorize!
Note that *ihr seid* is the only 2nd person plural that ends in *-d.*

See Analysis
1 (pp. 7-8)

Remember that to express English *you*-forms you have to distinguish between three pronouns and corresponding verb forms:

du (sing.)
you ← ihr (plur.)
Sie (sing. and plur., always CAPITALIZED)

SENTENCE STRUCTURE

See Analysis
8 (pp. 11-13)

Most difficult to get used to: VERB-SECOND POSITION.
Drill all exercises dealing with this problem until you have complete control.

Note the difference between English and German.

English: The subject is position-fixed: it must precede the verb.

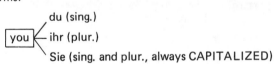

He   lives   in Munich now, incidentally.

Two other elements, such as time phrases and phrases like "incidentally," may join the subject in front of the verb.

| Incidentally, | he | now | lives | in Munich.

German: The subject is not position-fixed: it can stand either in front of the verb or right after the verb. Only one element can precede the verb.

| Er | | wohnt | jetzt übrigens in München.

| Jetzt | | wohnt | er übrigens in München.

| Übrigens | | wohnt | er jetzt in München.

| Er | | wohnt | übrigens jetzt in München.

Remember: The answer to a question, that is, the item containing the news value of a statement, cannot stand in front of the verb.

| Wo | arbeitet Meyer heute?

Er arbeitet heute | in München.

| Wann | kommt ihr?

Wir kommen | morgen.

QUESTIONS start either with an interrogative (WORD QUESTIONS) or with a conjugated verb form (YES-OR-NO QUESTIONS).

German has no equivalent for English *Do you live?*

    English pattern: Do you live?

    German pattern: [Live you?]

                 Wohnst du?

All German verbs follow the question-pattern of *to be* and the modals.

    English pattern: Are you?   (not: Do you be?)

                    Can you?   (not: Do you can?)

    German pattern: Bist   du?

                    Kannst du? (see Unit 4)

Word questions:

    Wo wohnt er jetzt?   Answer: In München.

Yes-or-no questions:

    Wohnt er jetzt in München?   Answer: Ja.

                                      Nein.

SENTENCE INTONATION

See Analysis
11-14
(pp. 13-18)

1. Intonation of assertions: 2-3-1 :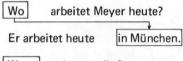

2. Intonation of questions

    Word questions: 2-3-1 :

    Yes-or-no questions: 2-1-3 :

Listen carefully to the tapes for Unit 1; when you repeat sentences, imitate carefully the speakers' intonation. You should practice these sentences until you can say them as fluently and correctly, and at the same speed, as the taped model.

B. Programmed Exercises

Throughout this Study Guide, programmed exercises follow immediately upon each "Grammar in a Nutshell" section. The answers to all questions are provided in the margin; thus, you can check your comprehension of each grammatical point immediately and, if needed, go back to the "Nutshell" section or to the Analysis sections in the main text.

Cover the margin below and begin work on the first exercise. Slide the cover down to check your answer, but keep all subsequent answers covered until you have come up with your own answer to each.

1. The infinitive form of most German verbs ends in _____.

-en

2. Two verbs with the ending -n introduced in Unit 1 are

_____.

sein, tun

3. German has neither _____ nor _____ forms.

progressive, emphatic

4. Therefore, *I go, I am going,* and *I do go* all have to be

translated by _____.

ich gehe

5. Except at the beginning of a sentence, the word *ich* is

never _____.

capitalized

6. ich arbeit -e

du arbeit -_____

est

er arbeit -_____

et

7. ich bin

du _____

bist

er _____

ist

8. ich habe

du _____

hast

er _____

hat

9. Conjugate the present tense of *gehen, kommen,* and *lernen* by adding the correct endings.

ich	geh-	komm-	lern-	e
du	geh-	komm-	lern-	st
er	geh-	komm-	lern-	t
wir	geh-	komm-	lern-	en
ihr	geh-	komm-	lern-	t
sie	geh-	komm-	lern-	en

10. To help you memorize these endings, conjugate also the present tense of the following verbs, all of which will be introduced in the next few units.

hoffen:	to hope	hören:	to hear
kaufen:	to buy	leben:	to live
kennen:	to know	rauchen:	to smoke
lieben:	to love	bringen:	to bring
machen:	to make	danken:	to thank
sagen:	to say	fragen:	to ask

11. The form *glauben* can go with three different pronouns. What are they? — wir, sie, Sie

12. The form *seid* is irregular because it _____. — ends in -d rather than -t

13. The inflected verb in a German assertion always occupies the _____ position, i.e., it can be preceded by only one other _____. — second / syntactical unit

14. If a sentence starts with a unit like *Übrigens,* the next word must be a _____. — conjugated verb

15. To express *Does he live in Munich?* you have to start with the word _____. — wohnt

A. Grammar in a Nutshell

DU AND *IHR* VS. *SIE*

See Analysis
1 (p. 8)

YOU — DU (sing.)   IHR (plur.)
      — SIE (sing.)   SIE (plur.)

Remember: 1. When *Sie* means *you,* it must be capitalized.

2. The distinction between *du/ihr* and *Sie* is very strictly adhered to, and you cannot use these forms arbitrarily.

3. Do not use *du* or *ihr* with *Herr, Frau,* or *Fräulein.*

A practical suggestion: Use *du* and *ihr* with your fellow students and *Sie* with your teacher. This will help you get used to constantly switching between these forms.

UNIT 2

A. Grammar in a Nutshell

ARTICLES AND NOUNS

See Analysis
15 (pp. 18-19)

Singular: 3 genders: MASCULINE   FEMININE   NEUTER
                             der   die   das

Plural: only one form: die

Remember: Gender and plural forms of nouns are unpredictable; therefore, you must memorize them as they occur.

der Mann,	⸚er	der Abend,	-e
die Frau,	-en	die Stadt,	⸚e
das Kind,	-er	das Haus,	⸚er

B. Programmed Exercises

Test your knowledge of noun genders and plurals. First cover both columns and write out the nouns without articles; second uncover the inner column and check your responses. Finally, with the outer column still covered, write out the articles and plural forms of the nouns.

evening	Abend	der; die Abende
newspaper	Zeitung	die; die Zeitungen
car	Auto	das; die Autos

winter	Winter	der; die Winter
office	Büro	das; die Büros
father	Vater	der; die Väter
doctor	Doktor	der; die Doktoren•
daughter	Tochter	die; die Töchter
woman	Frau	die; die Frauen
student (male)	Student	der; die Studenten
student (female)	Studentin	die; die Studentinnen
house	Haus	das: die Häuser
son	Sohn	der; die Söhne
gentleman	Herr	der; die Herren
morning	Morgen	•der; die Morgen
man	Mann	der; die Männer
year	Jahr	das; die Jahre
movie house	Kino	das; die Kinos
child	Kind	das; die Kinder

A. Grammar in a Nutshell

See Analysis
18 (pp. 39-41) **IRREGULAR VERB FORMS**

1. 2nd and 3rd person singular: e → ie or i

   a → ä

   au → äu

2. Stems ending in s-sound: 2nd and 3rd person are identical.

3. ich werde, du wirst, er wird
   ich weiß, du weißt, er weiß

B. Programmed Exercises

You should be ready to fill in all the blanks without hesitation.
If not, go back to Analysis 18 and to Patterns [3] −[5].

1. wir wissen, ich_____, du _____	weiß, weißt
2. ich komme, er_____	kommt
3. sie fahren, sie (sing.) _____	fährt
4. ich werde, er _____	wird
5. ich nehme, du _____	nimmst
6. ihr lauft, er _____	läuft
7. ihr braucht, er _____	braucht
8. wir fragen, du _____	fragst
9. ich esse, du _____ , er _____	ißt, ißt
10. wir lesen, er _____	liest

A. Grammar in a Nutshell

See Analysis
20-24
(pp. 41-44) **CASES AND GENDERS**

NOMINATIVE: Subject or predicate noun (WER?−WHO?)
ACCUSATIVE: Object (WEN?−WHOM?)

Be sure to memorize the forms on pp. 42-44.

der-words: der, dieser, jeder
ein-words: ein, kein, mein, dein, sein, ihr, unser, euer, ihr, Ihr

Nominative and accusative forms are identical
EXCEPT MASCULINE SINGULAR:

    der—den
    ein—einen
    er—ihn

ein-words <u>without ending</u>:   nom. masc. sing.⎫
                          nom. neut. sing. ⎬ ein
                          acc. neut. sing.⎭

Agreement:

masc. nom.: DER Kaffee ist gut.—ER ist gut.

     acc.: Ich kaufe DEN Kaffee.—Ich kaufe IHN.

fem. nom.: DIE Zeitung ist hier.—SIE ist hier.

     acc.: Ich lese DIE Zeitung.—Ich lese SIE.

neut. nom.: DAS Buch ist interessant.—ES ist interessant.

     acc.: Ich lese DAS Buch.—Ich lese ES.

B. Programmed Exercises

1. a. The accusative of *ich* is _____.   mich

   b. The accusative of *er* is _____.   ihn

   c. The accusative of *ihr* is _____.   euch

   d. The accusative of *sie* is _____.   sie

2. Meine Mutter kennt diese Frau.

   a. *diese Frau* is in the _____ case.   accusative

   b. Function is indicated here by _____ alone,   position
      because accusative and nominative feminine are

      identical in _____.   form

3. a. Because *Wagen* is a masculine noun, its article must be

      _____, and the pronoun used to refer to *Wagen*   der

      must be a form of _____ .   er

   b. Der Wagen ist gut; ich kaufe _____..   ihn

4. a. The accusative of *ein Wagen* is _____.   einen Wagen

   b. The accusative of *eine Uhr* is _____.   eine Uhr

   c. The accusative of *ein Buch* is _____.   ein Buch

5. The plural of *ein Kind* is _____.   Kinder

6. The plural article for both nominative and accusative

   is _____.   die

7. a. The accusative of *der Student* is _____.   den Studenten

   b. The accusative of *der Herr* is _____.   den Herrn

8. Replace the underlined elements by pronouns:
   a. Kennen Sie <u>Herrn Meyer</u>?   ihn
   b. Ist <u>Herr Meyer</u> Ihr Freund?   er
   c. Kennen Sie <u>Frau Meyer</u> auch?   sie

d. Ist <u>Frau Meyer</u> auch Ihre Freundin?	sie
e. Hans liest <u>die Zeitung</u>.	sie
➤ f. Wie heißt <u>der Junge</u> denn?	er
g. Wo ist <u>unser Buch</u>?	es
➤ h. Hier ist <u>euer Wagen</u>.	er
i. <u>Das Kind</u> heißt Fritz.	Es
j. <u>Das Kind</u> heißt Christine.	Es
k. <u>Christine</u> ist meine Freundin.	Sie
l. Das ist <u>mein Auto</u>.	es
m. Das ist <u>mein Wagen</u>.	er
n. Er liebt <u>eine Studentin</u>.	sie
o. Sie liebt <u>einen Studenten</u>.	ihn

UNIT 3

A. Grammar in a Nutshell

WORD ORDER

See Analysis 28 (pp. 61-63) Most English and German verbs complete their meaning only when followed by a COMPLEMENT.

Joe is   SICK.
Hans ist KRANK.

Fritz lives   IN ZURICH.
Fritz wohnt IN ZÜRICH.

The light goes ON.
Das Licht geht AN.

See Analysis 29-32 (pp. 64-66) Basic structure of German sentences:

front field	inflected verb	inner field	complement	end field

Remember: ALL GERMAN ASSERTIONS FIT THIS PATTERN, even if they do not contain all the elements above.

Comparison between English and German:

1. English: The complement follows the inflected verb directly; the "inner field" follows the complement.

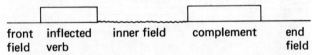

The lights | go | on | at four.

Die Lichter | gehen | um vier | an.

German: The English order is reversed: THE GERMAN COMPLEMENT ALWAYS <u>FOLLOWS</u> THE INNER FIELD.

2. <u>English</u>: Both subject and verb are position-fixed; the subject always precedes the inflected verb.

_____ | We | live | in Munich now.

Wir | wohnen | jetzt in München.

Jetzt | wohnen | wir in München.

German: Only the inflected verb is position-fixed; the subject may precede or follow the verb.

3. English: The space preceding the verb may contain, in
addition to the subject, two more elements, one preceding
the subject and one following the subject.

(Next year) [we] (probably) [go] to Germany.

Nächstes Jahr   [gehen] wir nach Deutschland.

German: The front field must be occupied, but only by one
element.

Basic operations:

The following diagrams show the MOST IMPORTANT
SHIFTS IN WORD ORDER.

German: Double shift. If an inner field element is shifted
into the front field, the front field element must be moved
behind the first prong.

Fritz   wohnt   jetzt   in München.

f.f.   [1st prong]   i.f.   [2nd prong]

Jetzt   wohnt   Fritz   in München.

English: Single shift. An inner field element may be shifted
into the empty front field (and vice versa).

(   ) Fritz   lives   in Munich   now.

f.f. [subj.] [1st prong] [2nd prong] i.f.

Now   Fritz   lives   in Munich.

See Analysis
17 (pp. 38-39)

Front field:

Usually states the TOPIC of a sentence; therefore it has NO
NEWS VALUE (unless the subject has news value: Meyer
kommt); therefore it is normally NOT THE ANSWER TO A
QUESTION (Wann kommst du?—Ich komme morgen.).

End field:

For the time being, do not attempt to produce end-field constructions; use only those introduced in the text.

Questions:

1. Word questions: Front field occupied by interrogative:

WANN   [fährt] Meyer [nach Berlin?]

2. Yes-or-no questions: Front field empty, VERB-FIRST
POSITION:

_____ [Fährt] Meyer [nach Berlin?]

Types of complements:

1. Predicate nouns: (with sein or werden; always nominative)

Herr Meyer   [ist]   [Lehrer.]

2. Predicate adjectives: (with sein or werden)

Er   [ist]   [jung.]

3. Directives: (question: *wohin, where to?*)

Er | fährt | _____ | nach Berlin., |

4. Complements like *an, ab:* (infinitive written as one word)

Der Zug | fährt | _____ | ab. |

5. Others: (to complete meaning of verb)

Er | wohnt | _____ | in Berlin. |

B. Programmed Exercises

1. Das Bier ist gut hier in München.
   a. Which word constitutes the second prong?   gut
   b. Which is the first position-fixed word?   ist
   c. Why is *gut* a verbal complement?   pred. adj.

   d. *hier in München* occupies the _____, but it   end field
   could also stand at the beginning; the first <u>four</u> words

   would then read _____, and *das Bier* would   Hier in München ist

   follow immediately after _____.   ist

2. Is the underlined element a verbal complement?
   a. Hans kommt aber <u>morgen</u>.   no
   b. Hans kommt aber <u>zurück</u>.   yes
   c. Hans ist <u>in Deutschland</u>.   yes
   d. Hans fährt <u>nach Deutschland</u>.   yes
   e. Mein Vater kennt ihn <u>auch</u>.   no
   f. Er lernt jetzt auch <u>fahren</u>.   yes
   g. Er kommt heute <u>doch</u>.   no

3. Elements like *nach Hause, nach Köln, ins Kino* are

   called _____.   directives

   They answer the question _____ and are always   wohin?
   second prong, that is, they cannot be moved into the

   _____.   front or inner field

4. a. What is wrong with
   [Nächstes Jahr, wir fahren nach Deutschland.]   Only one element
      can precede the
      first prong.

   b. What two possibilities are there to correct (a) above?   1. Nächstes Jahr
        fahren wir . . .
      2. Wir fahren
        nächstes Jahr . . .

5. Review of irregular verb forms:
   a. ich fahre

      du _____   fährst

      er _____   fährt

   b. ich lese

      du _____   liest

      er _____   liest

      ihr _____   lest

c. ich werde

    du _____   wirst

    er _____   wird

    ihr _____   werdet

d. wissen: ich _____   weiß

                 du _____   weißt

                 er _____   weiß

                ihr _____   wißt

e. Insert the correct form of *wissen* or *kennen:*

    a. _____ Hans Inge gut?   Kennt

    b. Das _____ ich nicht.   weiß

    c. Ich _____, er _____ sie gut.   weiß, kennt

    d. _____ Sie, wer ich bin?   Wissen

    e. Ja, ich _____, Sie sind Herr Meyer.   weiß

    f. Ich _____ Sie gut.   kenne

    g. _____ ihr München?   Kennt

6. In 5e.a. above, *Hans* is in the _____ case, and *Inge*   nominative

    is in the _____ case.   accusative

A. Grammar in a Nutshell

NEGATION

See Analysis
34, 36
(pp. 67-70)

There is no negation in German parallel to the English negation with *do not (don't), does not (doesn't).*

    I DO NOT work.   Ich arbeite NICHT.

But note that the inner field separates *nicht* from the first prong, and *nicht* precedes the second prong.

    I DO NOT work today.   Ich arbeite heute NICHT.

German negation does correspond to English negation with *to be, to have,* and the modals.

He is NOT here today.	Er ist heute NICHT hier.
He has NOT come today.	Er ist heute NICHT gekommen. (See Analysis 67, p. 149)
He canNOT come today.	Er kann heute NICHT kommen. (See Analysis 49, p. 98)

NEVER start a German sentence with

    [Er tut nicht . . .]

IMPORTANT: *Nicht* always PRECEDES THE SECOND PRONG; i.e., it stands at the end of the sentence only if there is no second prong.

Ich verstehe ihn	nicht.	
Er ist leider	nicht	hier.
Hans ist doch	nicht	sein Sohn.
Wir gehen heute	nicht	ins Kino.

See Analysis
34-35
(pp. 67-68)
Negation by *kein:*

1. *Kein* negates *ein* or "zero article."

Er hat EINEN Sohn. ⟶ Er hat KEINEN Sohn.
Er hat ⋊⋉ Geld. ⟶ Er hat KEIN Geld.
Er hat ⋊⋉ Bücher. ⟶ Er hat KEINE Bücher.

2. *Kein* cannot be used to negate *mein, dein,* and so on.

Sie liebt meinen Sohn. ⟶ Sie liebt meinen Sohn NICHT.

See Analysis
54 (p. 100)
3. *Kein* cannot normally appear in the front field.

Er hat KEIN Geld.

Geld hat er NICHT.

Note the two English equivalents of *kein:*

Er hat kein Geld. ⎰ He has NO money.
                  ⎱ He does NOT have ANY money.

Note the three German equivalents of *not a:*

I do NOT have A friend. ⟶ Ich habe KEINEN Freund.
I do NOT have A single friend.
                  ⟶ Ich habe NICHT EINEN Freund.
A friend I do NOT have. ⟶ Einen <u>Freund</u> habe ich <u>NICHT</u>.

See Analysis
38 (pp. 70-72)
NOCH, SCHON, MEHR

When you practice Patterns [4], p. 59, keep in mind the
LOGIC of these contrasts:

schon ⟵⟶ noch nicht
(immer) noch ⟵⟶ nicht mehr

Ist er schon hier?—Nein, er ist noch nicht hier.
Is he here yet?   —No, he is not here yet.

Ist er (immer) noch hier?—Nein, er ist nicht mehr hier.
Is he still here?   —No, he isn't here anymore.

B. Programmed Exercises

1. Translate the underlined words:
    a. I have <u>no</u> friend.   keinen
    b. I <u>don't</u> have <u>any</u> friends.   keine
    c. You have a friend, <u>don't you?</u>   nicht wahr?
    d. You are Mr. Smith, <u>aren't you?</u>   nicht wahr?
    e. I am <u>not</u> Mr. Smith.   nicht
    f. I know <u>nothing.</u>   nichts
    g. I <u>don't</u> know <u>anything.</u>   nichts
    h. He is <u>not</u> here <u>yet.</u>   noch nicht
    i. Is he here <u>yet?</u>   schon
    j. He is <u>not</u> here <u>anymore.</u>   nicht mehr
    k. I do <u>not</u> have <u>any more money.</u>   kein Geld mehr
    l. I do <u>not</u> have <u>a</u> (single) friend.   nicht <u>einen</u>

2. The question *nicht wahr?* (or *nicht?*) corresponds to such

    English phrases as _____.   aren't you?
                                                          don't you?
                                                          isn't he? etc.

3. If the *a* in *not a* corresponds to the numeral *one,* German

   uses _____ _____. Usually, however,   nicht ein

   not a must be translated by _____.   kein

4. The negative of *Geld* is _____.   kein Geld

5. Er arbeitet heute.

   To negate, *nicht* must follow the word _____.   heute

6. *Nicht* must always precede the _____ ___ _____.   second prong

7. a. The negative of *schon* is _____ _____.   noch nicht

   b. The negative of *noch* is _____ _____.   nicht mehr

A. Grammar in a Nutshell

See Analysis
41-42
(pp. 72-73)

DOCH

3 uses:

1. Stressed, meaning *after all:*

   Er fährt jetzt doch nach München.

2. Unstressed, sentence adverb, often together with *nicht wahr?:*

   Sie fahren doch nach München, nicht wahr?

3. To answer a negative question:

   Fahren Sie nicht nach München?—Doch, (ich fahre
   nach München).

UNIT 4

A. Grammar in a Nutshell

See Analysis
45-51
(pp. 95-99)

MODALS

Be sure you have mastered the forms on p. 97.

    können—ich kann—wir können
    müssen—ich muß—wir müssen
    dürfen—ich darf—wir dürfen
    wollen—ich will—wir wollen
    sollen—ich soll—wir sollen

    mögen—ich möchte—wir möchten

Remember:
1. No ending in first and third person singular.
2. None of the inflected SINGULAR forms have an umlaut.
3. Only *sollen* has the same vowel in all forms.
4. The *möchte*-forms are conjugated like regular verbs.
5. *Müssen* is usually negated by *nicht brauchen zu.*
6. English *mustn't* is expressed by *nicht dürfen.*

Syntax of Modal Constructions:

DEPENDENT INFINITIVES ALWAYS STAND AT THE END
OF THE SENTENCE; only end-field elements may follow.

Note the difference in the sequence of elements in English and German:

He [goes]   to Munich today.

He must   [go]   to Munich today.
            1   2   3

Er [fährt]   heute nach München.

Er muß   heute nach München [fahren.]
            3   2   1

INFINITIVE: ALWAYS SECOND PRONG.

If two second-prong elements, infinitive comes last.
German sequence is exact opposite of English sequence.

Er	[muß]	heute		[nach München] fahren]
front field	first prong	inner field		first box second box

                            'nicht' second prong

NICHT again stands between inner field and second prong.

B. Programmed Exercises

1. He seems to work.	
Er scheint _____.	zu arbeiten
2. He is able to work.	
Er kann _____.	arbeiten
3. He doesn't need to work.	
Er braucht nicht _____.	zu arbeiten
4. He must work today.	
Er muß heute _____.	arbeiten
5. After *scheinen* and *brauchen*, the dependent infinitive must be preceded by _____.	zu
6. The six German modals are _____.	können, müssen, dürfen, wollen, sollen, mögen
7. können: ich _____	kann
er _____	kann
ihr _____	könnt
8. dürfen: du _____	darfst
sie _____ (pl.)	dürfen
9. mögen: du _____	möchtest
ihr _____	möchtet

10. You mustn't do that.

    Du _____ das nicht tun.   darfst

11. What word is missing?
    Ich brauche heute nicht nach München fahren.   zu fahren

12. What is wrong with
    [Ich will heute zu Hause nicht bleiben.]   nicht zu Hause
                                                                            bleiben

13. Explain the correction of 12.   *Nicht* must precede
                                                                            second prong.
14. What is wrong with
    [Er will heute gehen ins Kino.]   ins Kino gehen

15. Er muß schon zurückfahren.

    Er braucht noch nicht _____ .   zurückzufahren

A. Grammar in a Nutshell

See Analysis   **CONTRAST INTONATION**
52-54
(pp. 99-101)   Characteristic intonation pattern:

Geld hat er

Heu-te a-bend ge-he ich mit Inge ins Ki-no

In most cases, this pattern will cause you no trouble, as long
as your intonation is correct.
MAIN PROBLEM: German can shift the second prong into
the front field.

     Ins Kino gehe ich.
     [To the movies I go.]

Doing this in English produces a nonsentence.
Remember: Many of these sentences, especially longer ones,
end with *nicht*.

     Ins Kino gehe ich (heute abend natürlich) nicht.

Read Patterns [8] and [9], pp. 93-94, aloud and listen to the
tapes, until you have thoroughly mastered this important intonation pattern. See also Exercises D and F, pp. 106-107.

See Analysis   **IMPERATIVE**
54 (p. 101)

Structure: Identical to yes-or-no questions.

     Fahren Sie nach München!
     Fahren Sie nach München?

Forms: Identical with infinitive.

     ONLY EXCEPTION: sein: SEIEN SIE!

Do not use *Sie*-imperatives with *du*- and *ihr*-sentences:

     [Du willst ins Kino? Bitte tun Sie das nicht.]

only: Sie wollen ins Kino? Bitte tun Sie das nicht.

REVIEW EXERCISE, UNITS 1-4

The items in this exercise have been chosen at random, so you can check your overall comprehension of these units.

A. 1. *Aber, denn, oder, und* are _____ conjunctions. | coordinating

   2. Sie wohnen doch in Köln, _____ _____? | nicht wahr?

   3. Hast du etwas gegen ihn?—Nein, ich habe _____ gegen ihn. | nichts

   4. The only irregular imperative in German is _____. | Seien Sie!

   5. The only German modal without a vowel change is _____. | sollen

   6. The infinitive of *möchte* is _____. | mögen

   7. The accusative of *er* is _____. | ihn

   8. Ich bin morgen leider.

   This sentence makes no sense unless a _____ is added. | complement

   9. A question starting with *wann, wo, wer,* and so on, is called a _____ question. | word

   10. All German yes-or-no questions must start with the _____. | inflected verb

   11. The plural of many foreign words ends in _____. | -s

   12. Arbeiten Sie denn auch sonntags?

   The *denn* in this question adds an element of _____. | surprise

   13. ich fahre

   er _____ | fährt

   14. können: er _____ | kann

   15. ich arbeite

   ihr _____ | arbeitet

   16. ich bin

   ihr _____ | sei̱d

   17. ich werde

   er _____ | wiṟd

   18. wissen: du _____ | weißt

   19. lesen: er _____ | liest

   20. to know = to be acquainted = _____ | kennen

   21. a. He is our son. Er ist _____ _____. | unser Sohn

   b. We love our son. Wir lieben _____ _____. | unseren Sohn

   c. In (a), *our son* is a _____ _____ | predicate noun
   in the _____ case. | nominative

   d. In (b), *our son* is a _____ _____ | direct object
   in the _____ case. | accusative

22. Es ist interessant.
    To which of the following can *es* refer?
    a. der Wagen   b. das Kind   c. das Buch   d. Autos
    e. diese Zeitung   only b and c

23. English *more than* must be expressed in German by

    _____ _____.   mehr als

24. Regnet es noch?

    Nein, es regnet _____ _____.   nicht mehr

25. Hast du noch Hunger?

    Nein, ich habe _____ _____ _____.   keinen Hunger mehr

B. What is wrong? Each of the following sentences contains a
    common error. You will find the correct version in the
    margin. Numbers in parentheses refer to analysis sections.

    1. Morgen, ich fahre nach Deutschland.   Morgen fahre ich
                                                     (8, p. 11)
    2. Kein Wasser ist das.   Wasser ist das nicht.
                                                     (53, p. 100)
    3. Der Zug fährt ab jetzt.   jetzt ab
                                                     (28, pp. 61-66)
    4. Herr Meyer hat zwei Auto.   Autos (15, pp. 18-19)

    5. Sie ist nicht ein Kind mehr.   kein Kind mehr
                                                     (38, pp. 70-72)
    6. Bitte sind Sie doch nicht unglücklich.   seien Sie
                                                     (54, p. 101)
    7. Er hat kein mehr Geld als ich.   nicht mehr Geld
                                                     (38, pp. 70-72)
    8. Unser Sohn wird ein Arzt.   wird Arzt
                                                     (27, p. 45)
    9. Morgen fahre Ich nach Paris.   ich (1, pp. 7-8)

   10. Ich kenne nicht, wo er ist.   weiß nicht,
                                                     (19, pp. 40-41)
   11. Wer ist da?—Mich.   Ich. (21, p. 42)

   12. Herr Schmidt hat ein Hund.   einen Hund
                                                     (20-23, pp. 41-44)
   13. Warum arbeitst du heute nicht?   arbeitest (6, p. 10)

   14. Wo fährt er denn?—Nach Köln.   Wohin (28, p. 63)

   15. Er möchte schon wieder nach Berlin zu fahren. nach Berlin fahren
                                                     (45, p. 95)
   16. Bleibst du nicht hier?—Ja.   Doch. (42, p. 73)

   17. Kommt er doch?   Kommt er doch?
                                                     (42, p. 73)
   18. Er muß zu Hause leider bleiben.   leider zu Hause bleiben
                                                     (50, pp. 98-99)
   19. Hans kannt heute nicht kommen.   kann (46, p. 95)

   20. Ich arbeite, aber arbeitet er nicht.   aber er arbeitet
                                                     (43, p. 73)

UNIT 5

A. Grammar in a Nutshell

DATIVE CASE

Review forms of the nominative and accusative (Analysis 20-24, pp. 41-44).

See Analysis 55 (pp. 118-119)

Interrogative: WEM?

der-words, *ein*-words:

DEM (EINEM) Mann			MÄNNERN
DER (EINER) Frau	DEN (KEINEN)		FRAUEN
DEM (EINEM) Kind			KINDERN

Personal pronouns:

MIR, DIR, IHM, IHR, IHM
UNS, EUCH, IHNEN

Nouns: DATIVE PLURAL ENDS IN *-N.*
(Except for nouns like *Auto: den Autos)*

See Analysis 57 (pp. 121-122)

Verbs with dative:

IMPORTANT: Remember these well; English is apt to interfere.

Es	GEHÖRT	mir.
Sie	HELFEN	mir.
Ich	DANKE	dir.

See Analysis 56 (pp. 119-121)

Verbs with dative and accusative:

Most of these are like their English equivalents. They have an indirect (dative) object and a direct (accusative) object.

DIFFICULTY: Sequence often unlike English. (See Analysis 56, pp. 119-121)

Remember: Ich frage   DICH.
            Du antwortest MIR.

See Analysis 59, 60 (pp. 122-124)

PREPOSITIONS

ALWAYS with ACCUSATIVE: durch, für, gegen, ohne
ALWAYS with DATIVE: aus, außer, bei, mit, nach, seit, von, zu

Be sure to study (and memorize) the special uses of these prepositions.

B. Programmed Exercises

1. The interrogative pronoun for the dative case is _____.	wem
2. a. To whom do you give it?	
_____ gibst du es?	Wem
b. I give it to him: _____.	es ihm
it to her: _____.	es ihr
it to them: _____.	es ihnen
it to my friend: _____.	es meinem Freund
it to a (fem.) student: _____.	es einer Studentin
it to the men: _____.	es den Männern
3. The dative plural of most German nouns ends in _____.	-n

4. Three verbs with only a dative object introduced in this

   unit are _____.   gehören, helfen,
                                                                     danken

5. Das ist unser Haus; es gehört _____.   uns

   Das ist ihre Zeitung; sie gehört _____.   ihr (fem. sing.)
                                                                     or: ihnen (plur.)

6. Complete with either *ihr* (dative object) or *sie* (accusative
   object):

   a. Ich sehe _____.   sie

   b. Ich antworte _____.   ihr

   c. Ich helfe _____.   ihr

   d. Ich kenne _____.   sie

   e. Ich danke _____.   ihr

   f. Ich sage es _____.   ihr

   g. Ich frage _____.   sie

   h. Es gehört _____.   ihr

   i. Ich glaube _____.   ihr

7. He always takes her home.

   Er _____ sie immer nach Hause.   bringt

8. The prepositions that are always used with the <u>dative</u> are

   _____.   aus, außer, bei, mit,
                                                                     nach, seit, von, zu

9. The prepositions that are always used with the <u>accusative</u>

   are _____.   durch, für, gegen,
                                                                     ohne, um

10. Supply the correct article. If you get the case right, but the
    gender wrong, review all nouns and their articles.

    a. Er fährt mit _____ Auto.   dem

    b. Er wohnt bei _____ Tante.   der

    c. Er kommt aus _____ Haus.   dem

    d. Er kommt ohne _____ Buch.   das

    e. Er fährt durch _____ Stadt.   die

    f. Er arbeitet für _____ Professor.   den

    g. Er kommt nach _____ Theater nach Hause.   dem

11. *von dem* is usually abbreviated to _____ .   vom

A. Grammar in a Nutshell

INNER FIELD: WORD ORDER

See Analysis
61 (pp. 124-126)

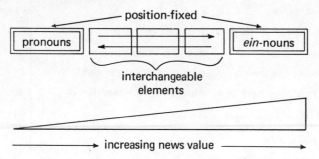

(For examples, study the summary on p. 126 of the text.)

Subject:

If PRONOUN, immediately after first prong;
if NOUN, normally after first prong, but may come later.

Personal Pronouns:

Position-fixed at beginning of inner field (no news value);
accusative pronouns ALWAYS precede dative pronouns.

    Gestern hat ER ES IHM gesagt.

                  nom. acc. dat.

Pronouns and nouns:

Pronoun objects precede noun objects (NEWS VALUE!).

    Ich habe IHM DAS BUCH   gegeben.
    Ich habe ES   MEINEM VATER gegeben.

der-nouns:

Sequence according to INCREASING NEWS VALUE.

ein-nouns:

Always news value; therefore position-fixed at END OF INNER
FIELD.

Time phrases:

Position depends on news value, but normally precede place
phrases.

Place phrases:

1. DIRECTIVES (see Analysis 28, p. 63) ALWAYS SECOND
   PRONG.
   Question: WOHIN?

2. Other place phrases: normally follow time phrases; often
   complements, e.g., with wohnen.
   Question: WO?

B. Programmed Exercises

1. If a pronoun subject does not stand in the front field, it will

   immediately follow the _____.   first prong

2. Today, he is going to Berlin.
   The first three words of the German equivalent are

   _____ _____ _____.   Heute geht er . . .

3. Heute gehört ihm das Haus.
   If you replace *das Haus* by a pronoun, the sentence must

   read *Heute gehört* _____.   es ihm

4. The sequence of elements in the inner field is determined

   largely by _____. Therefore, pronouns are   news value

   position-fixed at the _____ of the inner field.   beginning

5. *Ein*-nouns always have news value, thus their position is

   always at _____.   the end of the
                                                                  inner field

6. After the question

      Wem hast du das Buch gegeben?

   the correct statement is
   a. Ich habe dem Studenten das <u>Buch</u> gegeben.
   b. Ich habe das Buch dem <u>Studenten</u> gegeben.   b.

7. What is wrong with

      [Ich will Blumen ihr schicken.]   ihr Blumen

8. *Blumen* is the plural of _____.   eine Blume

   Therefore, it must occupy the same position as all

   _____-nouns.   ein

9. What is wrong with

      [Er fährt nach Berlin nächstes Jahr.]   nächstes Jahr nach
                                                                  Berlin

10. *nach Berlin* is second prong because it is a _____. directive

UNIT 6

A. Grammar in a Nutshell

See Analysis
64-68
(pp. 146-150) **THE PERFECT**

Formation:

$$\text{auxiliary} \quad + \quad \text{participle}$$

HABEN or SEIN + $\begin{cases} \text{GE}\text{---}\text{T} & \text{regular (weak) verbs} \\ \text{or GE}\text{---}\text{EN} & \text{irregular (strong) verbs} \end{cases}$

Examples:

   ich HABE GErauchT
   ich BIN   GEreisT
   ich HABE GEtrunkEN
   ich BIN   GEgangEN

Be sure to memorize the list of participles on pp. 170-171.

Do not forget that the following use *SEIN:*

   bleiben: <u>ist</u> geblieben
   fahren: <u>ist</u> gefahren
   gehen: <u>ist</u> gegangen
   kommen: <u>ist</u> gekommen
   sein: <u>ist</u> gewesen
   werden: <u>ist</u> geworden

Modals:

1. Without dependent infinitive: "normal" regular participles:

    hat gemußt
    hat gekonnt
      etc.

   Note: The participles of modals have NO UMLAUT.

2. With dependent infinitive: the so-called DOUBLE INFINITIVE:

    hat ARBEITEN MÜSSEN
    hat ARBEITEN KÖNNEN

Position of participle:

ALWAYS LAST PART OF SECOND PRONG

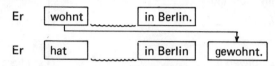

Modals:

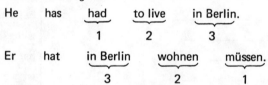

Contrast with English:

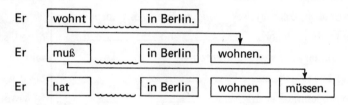

The sequence of elements in the second prong is a MIRROR IMAGE of the English sequence.

Remember: If the infinitive is written as one word (complement + infinitive), then the participle is also written as one word, and *zu* is inserted between complement and infinitive.

    abfahren: abgefahren
              abzufahren

but:

   nach Köln fahren: nach Köln gefahren
                       nach Köln zu fahren

Use of perfect:

The GERMAN PERFECT is the CONVERSATIONAL PAST, i.e., it refers to what happened prior to the moment of speaking. The GERMAN PRESENT is the CONVERSATIONAL PRESENT, i.e., it refers to what is happening at the moment of speaking or later. (Further details will be given in Unit 7.)

B. Programmed Exercises

1. Verbs that form their participles with the frame ge ------ t are

   called regular or _____ verbs. The vast majority of | weak

   all German verbs follow this pattern.

2. Irregular (or strong) verbs form their participles with the

   frame _____. | ge------en

3. Verbs with an unstressed prefix do not use the *ge-* in the

   participle. These unstressed prefixes are _____. | be-, emp-, ent-, er-, ge-, ver-, zer-

4. Another group of verbs that do not use the *ge-* prefix are

   those of foreign origin ending in _____. | -ieren

5. a. The participle of *hören* is _____. | gehört

   b. The participle of *gehören* is _____. | gehört

   c. The participle of *studieren* is _____. | studiert

   d. The participle of *heiraten* is _____. | geheiratet

6. Unlike English, German uses <u>two</u> auxiliary verbs to produce

   perfect forms, namely _____ and _____. | haben, sein

7. a. The auxiliary for *sein* and *werden* is _____. | sein

   b. I <u>have</u> been = ich _____ _____. | <u>bin</u> gewesen

   c. He <u>has</u> become = er _____ _____. | <u>ist</u> geworden

8. Give the auxiliary and the participle of the following verbs:

   a. lesen: _____ _____ | hat gelesen

   b. kommen: _____ _____ | ist gekommen

   c. tun: _____ _____ | hat getan

   d. gehen: _____ _____ | ist gegangen

   e. bleiben: _____ _____ | ist geblieben

   f. trinken: _____ _____ | hat getrunken

   If you cannot produce these forms automatically, you
   should return to the list on pp. 170-171 of the text.

9. Some weak verbs have irregular participles, for example:

   a. denken: _____ _____ | hat gedacht

   b. bringen: _____ _____ | hat gebracht

   c. kennen: _____ _____ | hat gekannt

   d. wissen: _____ _____ | hat gewußt

10. The "normal" participles of the modals are:

   müssen: hat _____ | gemußt

   wollen: hat _____ | gewollt

   können: hat_____ | gekonnt

   sollen: hat _____ | gesollt

   dürfen: hat _____ | gedurft

11. None of the modal participles have an _____. | umlaut

12. With a dependent infinitive, the modal perfect uses the
so-called _____.

"double infinitive"

13. a. He had to work yesterday.

Er hat gestern _____ _____.

arbeiten müssen

b. He did not need to work yesterday.

Er hat gestern nicht _____ _____ _____.

zu arbeiten brauchen

14. The position of the participle is always in the _____.

second box of the
second prong

15. The participle of *abfahren* is _____.

abgefahren

16. If *zu* is added to the infinitive *abfahren,* the form must

be _____.

abzufahren

17. a. Which comes last in the double infinitive, the dependent
infinitive or the modal?

the modal

b. Thus: He has had to go.

Er hat _____ _____.

gehen müssen

A. Grammar in a Nutshell

See Analysis
69-72
(pp. 150-156)
TIME PHRASES

Distinguish between the following three types:

1. Point-in-time phrases: question: WANN?
2. Frequency phrases: question: WIE OFT?
3. Stretch-of-time phrases: question: WIE LANGE?

1. Point-in-time:

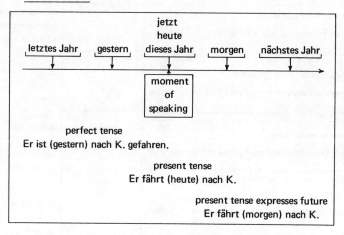

a. point <u>prior</u> to moment of speaking: perfect tense

b. point = moment of speaking
point <u>after</u> moment of speaking } : present tense

2. Frequency phrases:

See Analysis
71 (pp. 151-153)

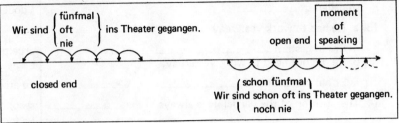

The actions described here are REPEATED ACTIONS (or the repeated absence of actions): <u>iterative</u> use of verbs.

Er ist (schon) immer ein Dummkopf gewesen.
= Every time he (has) had a chance, he (has) behaved stupidly.

3. Stretch-of-time:

See Analysis
72 (pp. 153-156) The following chart sums up Analysis 72. Note the combination of tense and time phrase to express

      a. What was but is no longer.
      b. What just ended at the moment of speaking.
      c. What has been going on and still is.
      d. What will end in the future.

Note: The wavy line (‒‒‒‒) in the chart below indicates time of action while going on.

	Moment of speaking		
a. Ich habe lange gewartet. (I waited long.) perfect + *lange*			action stopped before moment of speaking
b. Ich habe schon lange gewartet. (I have been waiting long.) perfect + *schon lange*			action stops at moment of speaking
c. Ich warte schon lange. (I have been waiting long.) present + *schon lange*			action still going on at moment of speaking
d. Ich warte (noch) lange. (I am going to be waiting long.) present + *lange*			action will end in future (it may have started before moment of speaking)

B. Programmed Exercises

    1. The three types of time phrases discussed in this unit are

    _____ , _____ , and _____
    phrases.

        point-in-time,
        frequency,
        stretch-of-time

    2. The phrase *vor einem Jahr* means _____ .

        a year ago

3. Dieses Jahr sind wir <u>schon dreimal</u> in B. gewesen.
   a. Is the year over? | no
   b. What is the reason for the answer to 3a? | *Schon dreimal* is an open-end term.

   c. What would be the implication, if *erst dreimal* were used? | fewer times than expected

4. I lived in Stuttgart <u>for two years</u>.
   Ich habe (für zwei Jahre?) (seit zwei Jahren?) (zwei Jahre?) in Stuttgart gewohnt. | zwei Jahre

5. For all-past situations, English uses the _____ tense. | past

6. I have been living here for two years.

   a. *have been living* corresponds to German _____. | wohne

   b. *for two years* corresponds to German _____, | seit zwei Jahren, schon zwei Jahre, schon seit zwei Jahren

     or _____, or _____.

7. In 6, *for two years* is an _____ phrase; and because I am living here at the moment of speaking, German | up-to-now

   uses the _____ tense. | present

8. Es regnet schon wochenlang.
   Is it still raining? | yes

9. Er hat jahrelang in Hamburg gelebt.
   Is he still in Hamburg? | no

10. Darauf haben Sie schon lange gewartet.
   Is the new product on the market now? | Yes, it just came out.

UNIT 7

A. Grammar in a Nutshell

See Analysis 75-78 (pp. 179-183)

PAST TENSE

As you study the past tense, review the perfect tense (Analysis 64-68, pp. 146-150).

MEMORIZE the principal parts of strong and irregular verbs on pp. 202-203. All these verbs are very common, and you will need to use them constantly from now on. Learning them will require patience, and unfortunately there is no easy short cut.

<u>Weak verbs</u> add a -*t*- between stem and ending:

        present: ich liebe
        past: ich LIEBTE
               er LIEBTE (no -*t* ending!)

<u>Modals</u>: Like weak verbs, but NO UMLAUT.

<u>Strong verbs</u>: Unpredictable changes in the stem; they all change stem vowel; <u>no ending</u> in first and third person singular.

        present: ich gehe
        past: ich GING
               du GINGST
               er GING
               wir GINGEN
               ihr GINGT
               sie GINGEN

haben: past: ich HATTE
sein: past: ich WAR

See Analysis
81 (p. 184)

THE PLUPERFECT

past tense of $\left(\begin{array}{c}\text{SEIN}\\\text{HABEN}\end{array}\right)$ plus PARTICIPLE

ich WAR GEGANGEN —I had gone
ich HATTE GEWOHNT—I had lived

USE OF TENSES

See Analysis
68, 79-81
(pp. 149-150,
183-184)

	present TIME	past TIME	pre-past TIME
Conversational	er geht present TENSE	er ist gegangen perfect TENSE	er war gegangen pluperfect TENSE
Narrative	er ging past TENSE	er war gegangen pluperfect TENSE	er war gegangen pluperfect TENSE

Remember: The German past and perfect are <u>not identical</u> with the English past and present perfect.

<u>Conversational tenses</u> relate to the <u>chronological present</u>.
<u>Narrative tenses</u> relate to some time other than the chronological present, usually some time in the past, but also, for example, 1984 or 2001. Within the framework of the narrative, the <u>past tense</u> represents the <u>narrative (fictional; fictitious) present time</u>.

Example:
    Am 15. Juli 1962 kam Klaus abends ins Hotel Regina; er war <u>heute</u> weit gefahren.

Heute refers to a time in the chronological past (1962), but it could also refer to, say, 1992, as in a science fiction novel.

IMPORTANT: *Sein, haben,* and the modals are usually used in the PAST TENSE RATHER THAN THE PERFECT.

TIME PHRASES

Review Analysis 69-72 (pp. 150-156). In <u>narratives</u>, time phrases are used exactly as in conversational situations. In 69-72, change

    present tense forms to past tense forms and

    perfect tense forms to pluperfect tense forms.

Ich <u>wohne</u> seit 1950 in B. ⟷ Ich <u>wohnte</u> seit 1950 in B.
Wir <u>haben</u> lange <u>gewartet.</u> ⟷ Wir <u>hatten</u> lange <u>gewartet.</u>

B. Programmed Exercises

1. The form *liebte* indicates that *lieben* is a _____ verb.   weak

2. a. <u>Weak</u> verbs form their past by inserting the letter _____   -t-
    between stem and ending.
  b. The third person singular of weak verbs does not end in

    _____ .   -t

3. Form the past:

    a. lieben: er _____   liebte

    b. wohnen: ihr _____   wohntet

c. arbeiten:	du _____		arbeitetest
d. müssen:	er _____		mußte
e. haben:	wir _____		hatten

4. The forms *durfte, konnte, mußte* show that the modals do

   not add an _____ in the past.   umlaut

5. The past tense forms of <u>strong</u> verbs are unpredictable, but

   all of them change their _____ vowel.   stem

6. Form the past:

   a. gehen: er _____   ging

   b. anrufen: er _____ _____   rief an

   c. geben: ich _____   gab

   d. kommen: wir _____   kamen

   e. verstehen: sie _____   verstand(en)

   f. verschwinden: er _____   verschwand

   g. sehen: wir _____   sahen

   h. bleiben: ich _____   blieb

   i. sitzen: er _____   saß

   j. lassen: ich _____   ließ

   k. essen: er _____   aß

   l. scheinen: er _____   schien

7. The first and third persons singular of strong verbs never

   have an _____ in the past tense.   ending

8. Form the past:

   a. bringen: er _____   brachte

   b. kennen: ich _____   kannte

   c. denken: er _____   dachte

   d. sein: ihr _____   wart

   e. werden: wir _____   wurden

   f. wissen: ich _____   wußte

9. a. The present and the perfect are used in _____   conversational

      situations. Thus, the past TIME of *ich gehe* is

      _____.   ich bin gegangen

   b. In narrative situations, on the other hand, present TIME

      is expressed in the _____ tense, and the form   past

      corresponding to *ich bin gegangen* is _____.   ich war gegangen

10. Forms like *ich war gegangen* and *ich hatte gewohnt* are in

    the _____ tense.   pluperfect

11. What are the missing forms?

    a. to live   wohnen   _____ hat gewohnt   wohnte

    b. _____ abholen   holte ab   hat abgeholt   to pick up

c. to begin	anfangen	_____	hat angefangen	fing an
d. to lie	_____	log	hat gelogen	lügen
e. to command	befehlen	befahl	____ befohlen	hat
f. to bring	bringen	brachte	____ _____	hat gebracht
g. to ask	fragen	_____	hat gefragt	fragte
h. to give	geben	_____	hat gegeben	gab
i. to belong	gehören	gehörte	hat _____	gehört
j. to sit	sitzen	_____	hat _____	saß; gesessen
k. _____	sterben	starb	____ gestorben	to die; ist
l. to talk	reden	_____	hat geredet	redete
m. _____	zwingen	zwang	hat gezwungen	to force
n. to become	werden	wurde	____ _____	ist geworden
o. to let	lassen	_____	hat gelassen	ließ

Word formation.

1. Form diminutives with -chen:

  a. das Schiff   das Schiffchen

  b. das Bett   das Bettchen

  c. der Kopf   das Köpfchen

  d. der Garten   das Gärtchen

  e. die Blume   das Blümchen

2. Form agent nouns with -er:

  a. finden   der Finder

  b. lügen   der Lügner

  c. schlafen   der Schläfer

3. Form neuter nouns:

  a. essen   das Essen

  b. schilaufen   das Schilaufen

  c. sein   das Sein

4. Form compound nouns:

  a. das Glas, das Bier   das Bierglas

  b. der Abend, das Essen   das Abendessen

  c. die Medizin, der Student   der Medizinstudent

  d. Rom, die Reise   die Romreise

  e. die Mathematik, das Buch   das Mathematikbuch

  f. die Stadt, das Theater   das Stadttheater

  g. die Liebe, der Brief   der Liebesbrief

UNIT 8

A. Grammar in a Nutshell

VERB-LAST POSITION

See Analysis
8, 13
(pp. 11, 16)
Remember:

<u>Verb-second position:</u> In (a) assertions,
                                (b) word questions,
                                (c) in unintroduced dependent clauses.

Heute | fährt | er nach München.

Wann | fährt | er nach München?

Ich weiß, er | fährt | heute nach München.

See Analysis
13 (p. 16)
<u>Verb-first position:</u> In yes-or-no questions.

     | Fährt | er nach München?

See Analysis
89-97
(pp. 214-222)
<u>Verb-last position:</u> In introduced dependent clauses.

Ich weiß, er | fährt | nach München.

Ich weiß, daß er nach München | fährt |

DEPENDENT CLAUSES are introduced by
<u>subordinating conjunctions</u>   or   <u>interrogative conjunctions</u>

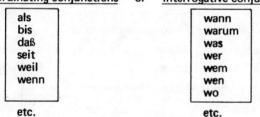

als	wann
bis	warum
daß	was
seit	wer
weil	wem
wenn	wen
	wo

    etc.   etc.

Interrogative conjunctions introduce indirect word questions.

Indirect yes-or-no questions are introduced by *OB*.

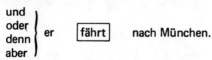

    | Ist | er hier?

Weißt du, <u>ob</u> er hier | ist | ?

DO NOT CONFUSE <u>sub</u>ordinating and the following
<u>co</u>ordinating conjunctions:

| und |
| oder |
| denn | er | fährt | nach München.
| aber |

Front field: Dependent clauses = first element, that is, verb-second position is maintained.

Ich,	weiß,,	daß er nach München fährt.
1	2	3

Daß er nach München fährt,,	weiß,	ich.
1	2	3

B. Programmed Exercises

1. a. "Introduced" dependent clauses always begin with
   _____ or with _____ conjunctions.   **subordinating, interrogative**

   b. In introduced dependent clauses, the finite verb always
   stands at the _____; we therefore speak of   **end**
   _____ position.   **verb-last**

2. In German, the sequence of elements following the subject
   is the exact _____ of the sequence in English.   **opposite**

3. . . . , because she wanted to go to the movies with him.
                  1   2   3   4

   a. The German equivalent should show the sequence _____. **4-3-2-1**

   b. The last word of the German sentence must be _____. **wollte**

4. *Als, daß,* and *wenn* are _____ conjunctions.   **subordinating**

5. The four coordinating conjunctions introduced so far are
   _____.   **aber, denn, oder, und**

6. Insert *wollte* into the following incomplete sentences:
   a. denn   er   nach Berlin   fahren   **after *er***
   b. weil   er   nach Berlin   fahren   **after *fahren***

7. If the finite verb in a clause introduced by *wann* stands at
   the end, the clause must be an _____ question.   **indirect**

8. Weißt du, _____ er hier ist?   **ob**

9. Wenn ich dich sehe, _____ bin ich immer glücklich. **dann (see p. 217)**

10. Weißt du, (wenn or wann?) er nach Hause kommt?   **wann**

11. English *when* corresponds to German *wann* if it can be
    replaced by _____ _____ _____.   **at what time**

12. Heute kommt Meyer spät nach Hause.
    Weißt du, ob _____ _____ spät nach Hause kommt?   **Meyer heute**

13. In dependent clauses, the subject usually follows im-
    mediately after the _____.   **conjunction**

14. If a dependent clause precedes a main clause, the first
    word of the main clause must be the _____ _____,   **finite verb**
    thus maintaining the principle that only one _____ **element**
    may precede the first prong.

15. The dependent clause may be summed up at the beginning of the main clause with the words _____ or _____.	dann, so
16. What is <u>wrong</u> with	
a. Als der Zug ab fuhr, war es fünf Uhr.	abfuhr (one word)
b. Weißt du, wann er ankommen ist?	ang<u>e</u>kommen
c. Wenn sie kommt, ich gehe mit ihr ins Kino.	gehe ich
d. Sie ist glücklich, weil ihr Freund ist hier.	hier ist
e. Ich weiß nicht, wenn er kommt.	wann or ob
f. Ich glaube nicht, er kommt.	daß er kommt

A. Grammar in a Nutshell

See Analysis
98-102
(pp. 222-226)

IMPERATIVES

Be sure you know the forms of the imperative (pp. 222-223).

There are FIVE DIFFERENT FORMS:

familiar: *du*-form
ihr-form

formal: *Sie*-form

inclusive: *wir*-form

impersonal: same as infinitive

Remember:

1. Only the *du*-form differs from the indicative:
no -*st* ending!

2. Only the change from *e* to *ie* or *i* is retained in the *du*-form. (gib!)

3. The forms of *sein* all have the stem of the infinitive:
sei, sei<u>d</u>, seien wir, seien Sie!

English *Why don't you* . . . is expressed in German by imperative + stressed *du, ihr,* or *Sie.*

Rede <u>du</u> doch mal mit Meyer.

B. Programmed Exercises

1. Er sagt, ich soll ihm das Buch geben.	
Bitte, _____ mir doch das Buch.	gib
Bitte, _____ _____ mir doch das Buch.	geben Sie
2. Er sagt, wir sollen nicht unglücklich sein.	
_____ doch nicht unglücklich.	Sei<u>d</u>
3. Sollen wir nach Hause fahren?	
Also gut, _____ _____ nach Hause.	fahren wir
4. Man darf nicht rauchen.	
Bitte nicht _____.	rauchen
5. Er sagt, ich soll vorsichtig sein.	
Bitte, _____ Sie vorsichtig, Herr Müller.	seien
6. Warum kannst <u>du</u> nicht mal Kaffee kochen?	
_____ _____ doch mal Kaffee.	Koch du

7. Warum fährst du nicht mit nach München?

_____ doch mit nach München.   Fahr

8. Er sagt, ich soll ihn mitnehmen.

Bitte, _____ mich doch mit.   nimm

9. Sie sagt, ich soll nicht so viel essen.

_____ doch bitte nicht so viel.   Iß

UNIT 9

A . Grammar in a Nutshell

See Analysis
106-116
(pp. 253-262)

THE SUBJUNCTIVE

Note: This section deals with the <u>entire</u> subjunctive analysis; you are advised therefore to study it thoroughly only after you have covered Analysis 106-116.

It is VERY IMPORTANT that you master the German subjunctive patterns thoroughly. The fact that the <u>English</u> subjunctive has all but disappeared should not lead you to the false assumption that the <u>German</u> subjunctive is unimportant. The following English sentences are all very common. You use this kind of sentence constantly, and you must realize that the German equivalents <u>all require subjunctive forms</u>. German subjunctives, in other words, are so common that you simply cannot function in German without knowing them.

I wish you hadn't mentioned it.
If I had known that, I would have come.
If we only had more time.
I'd like to have a cup of coffee.
He told me I didn't have to come.
She said she felt much better.

Forms:

		indicative	subjunctive
present:	weak	er wohnt	er wohnte
	strong	er geht	er ginge
	modals	er muß	er müßte
	sein	er ist	er wäre
	haben	er hat	er hätte
past:	weak	er wohnte	ONLY ONE SET OF FORMS
	strong	er ging	er hätte gewohnt
	modals	er mußte	er hätte gehabt
	sein	er war	etc.
	haben	er hatte	er wäre gegangen
perfect:		er hat gewohnt	er wäre gewesen
		er ist gegangen	etc.
pluperfect:		er hatte gewohnt	er hätte (inf.) müssen
		er war gegangen	
future:		er wird wohnen	er würde wohnen
		gehen	gehen
		müssen	müssen
		sein	sein
		haben	haben

Note: You can produce all subjunctive forms when you have mastered the present subjunctive. See table at top of p. 33.

present subjunctive	wohnte ginge wäre hätte würde		
	hätte wäre	+ gewohnt + gegangen	past subjunctive = present subjunctive + participle
	würde	+ gehen	future subjunctive = present subjunctive + infinitive = conditional

All subjunctive forms have the same set of endings:

wohnt- ging- wär- hätt- würd-	-e -(e)st -e -en -(e)t -en

Uses of the subjunctive:

1. a. Wishes with Ich wollte (wünschte), . . .
                   Es wäre nett, wenn . . .
                   Wenn ich (doch) nur . . .

   b. Irreal conditions:
                   Wenn ich _____ hätte, wäre ich _____.

   c. Irreal statements of preference:
                   Ich wäre gerne (lieber; am liebsten) . . .

2. Polite requests:
                   Könnte ich bitte . . . ?
                   Hätten Sie vielleicht . . . ?

3. Indirect discourse (to be introduced in Unit 11):
                   Er sagte, er ginge (wäre gegangen)
                           er wohnte (hätte gewohnt)
                                   (würde wohnen)

Examples:

MEMORIZE the following brief sentences. They will serve you as referents for all major subjunctive patterns and will help you produce sentences with the subjunctive.

1. a. Wishes

	Ich wollte,
past subj.:	er hätte in Berlin gewohnt.
	er wäre nach Berlin gefahren.
würde:	er würde hierbleiben.
modals:	er könnte hierbleiben.
weak verbs:	er wohnte in Berlin.
strong verbs:	er führe nach Berlin.

1. b. Irreal conditions

past subj.:   Wenn er in B. gewohnt hätte, hätte ich ihn
                besucht.

                Wenn er in B. gewesen wäre, hätte ich ihn
                besucht.

Wenn er in B. gewohnt hätte, wäre ich zu
ihm gegangen.

Wenn er in B. gewesen wäre, wäre ich zu ihm
gegangen.

würde: Wenn er mich bitten würde, würde ich mitgehen.

Wenn er mich bitten würde, ginge ich mit.

Wenn er nach B. ginge, würde ich auch gehen.

modals: Wenn er könnte, käme er.

CAUTION: Verb forms must be recognizable as subjunctive.

Indicative: Wenn es regnete, gingen wir nach Hause.

Subjunctive: Wenn es jetzt regnete, gingen wir natürlich
sofort nach Hause.

Remember: In the past time, *würde*-forms are not used, but
only *hätte* or *wäre.* In the present time, there is usually one
würde-form.

Wenn es regnete, würden wir sofort gehen.

Wenn es regnen würde, gingen wir sofort.

In all these sentences, *wenn*-clause and conclusion can be
reversed.

Wir würden sofort gehen, wenn es jetzt regnete.

"Double Infinitive": In dependent clauses with the so-called
double infinitive, the finite verb PRECEDES the entire second
prong.

Wenn er HÄTTE kommen können, . . .

Wenn er HÄTTE nach B. fahren müssen, . . .

1. c. Statements of preference

past subj.: Ich hätte auch gerne in B. gewohnt.

Ich wäre auch gerne nach B. gefahren.

würde: Ich würde auch gerne nach B. fahren.

modals: Ich müßte mal nach B. fahren. (ought to)

weak verbs: Ich wohnte auch gerne in B.

strong verbs: Ich führe auch gerne nach B.

2. Polite requests

Ich hätte gerne (lieber; am liebsten) ein Glas Wein.
Hätten Sie vielleicht noch ein Zimmer frei?
Könnte ich noch ein Zimmer bekommen?

B. Programmed Exercises

1. The future tense is formed with _____ as an
auxiliary plus an infinitive. Therefore, *he will go*

corresponds to German _____.

werden
(see pp. 226-227)

er wird gehen

2. The German future is not used very often; usually, the
present is used, especially if it is accompanied by a

_____ _____. Therefore, *he will go*

tomorrow can be expressed by _____.

time phrase

er geht morgen

3. Er wird wohl zu Hause sein.

   He is _____ at home.   probably

   The example shows that the German future tense is also

   used to express present _____.   probability

4. Without a context, the English verb form *had* could be

   either _____ or _____.   past indicative,
                                              present subjunctive

5. The German translation of *he had* can be either

   *er*_____ (indic.) or *er* _____ (subj.).   hatte, hätte

6. One set of German subjunctives which can never be used as

   indicatives is the _____ subjunctive.   past

7. You have mastered the German past subjunctive as soon as
   you realize that you need to know only two auxiliaries,

   namely _____ and _____.   hätte, wäre

8. If we had gone, ...   Wenn wir _____, ...   gegangen wären

      had lived   _____   gewohnt hätten

      had worked   _____   gearbeitet hätten

      had stayed   _____   geblieben wären

      had called   _____   angerufen hätten

      had come   _____   gekommen wären

9. English *modal* subjunctives starting with *could have . . . ,*
   would have . . . , should have . . . are translated into

   German starting with _____.   hätte

10. a. He could have come. Er _____.   hätte kommen
                                                   könnten

    b. He would have had to go. Er _____.   hätte gehen müssen

    c. He should have stayed. Er _____.   hätte bleiben sollen

11. The German equivalent of *I wish* is either *ich*_____   wollte

   or *ich*_____.   wünschte

12. I wish they had come. Ich wollte, sie _____.   wären gekommen

   I wish they had called. Ich wollte, sie _____.   hätten angerufen

13. If an open condition like

      Wenn er gekommen ist, hat er Hans bestimmt besucht

   is transformed into an irreal condition, the verb forms
   must be

      Wenn er gekommen _____, _____ er   wäre, hätte
      Hans bestimmt besucht.

14. a. I would have liked to stay here.

      Ich _____ _____ hier geblieben.   wäre gerne

    b. I would have preferred to live in Munich.

      Ich hätte _____ in München gewohnt.   lieber

    c. I would have liked most to stay at home.

      _____ wäre ich zu Hause geblieben.   Am liebsten

15. The future subjunctive is always recognizable as a
    subjunctive because it must have a _____-form.   würde

16. The future subjunctive is also used as the German
    _____.   conditional

17. If only he would stay here.
    Wenn er doch nur hier _____ _____.   bleiben würde

18. Those modals have an umlaut in the present subjunctive
    that also have an umlaut in the _____.   infinitive

19. The only two modals that never have an umlaut are
    _____ and _____.   wollen, sollen

20. The form *wir führen* (of the verb *fahren*) can only be
    subjunctive because _____.   it has an umlaut

21. In polite requests, English *Would you have . . .* corresponds
    to German _____; and English *I'd like to have . . .*   Hätten Sie
                                                                        (vielleicht) . . . ,
    corresponds to _____.   Ich hätte gerne . . .

22. a. With a dependent infinitive, the participle of a modal
       has the same form as the _____ of the modal.   infinitive
       This construction is often referred to as "_____."   double infinitive

    b. He could have come. Er _____ _____ _____.   hätte kommen
                                                                        können
       If he could have come , . . . Wenn er_____ _____   hätte kommen

       _____ , . . .   können

    c. The second sentence under 22b shows that in dependent
       clauses with a double infinitive the finite verb

       _____ the second prong.   precedes

23. The present subjunctive of *er brachte* is _____.   er brächte

24. Add the appropriate sentence adverb:
    Ich sollte jetzt _____ nach Hause gehen, aber   eigentlich
    ich bleibe doch noch hier.   (see p. 262)

25. *Er kam, er ist gekommen,* and *er war gekommen* have only
    one subjunctive form: _____.   er wäre gekommen

26. Translate the underlined portions.
    a. I wish he <u>weren't coming</u>.   käme nicht
    b. She would have <u>liked most of all</u> to go to Italy.   am liebsten
    c. We <u>ought to</u> go home tomorrow.   sollten eigentlich
    d. I wish you <u>hadn't said that</u>.   hättest das nicht
                                                                        gesagt
    e. <u>I would have come</u>.   wäre gekommen
    f. <u>I would have had to come</u>.   hätte kommen
                                                                        müssen
    g. <u>I'd like to have</u> a cup of coffee.   hätte gerne
    h. I would <u>rather</u> stay home.   lieber

i. You <u>should not have come.</u>	hättest nicht kommen sollen
j. <u>It would be nice</u> if we could stay.	Es wäre nett
k. If he <u>went</u>, I'd go too.	ginge
l. If he <u>hadn't come</u>, I'd be sad.	nicht gekommen wäre

SUMMARY OF VERB FORMS

Numbers in parentheses refer to <u>pages in the main text.</u> The alternate subjunctive in the right column will be introduced in Unit 11.

At this point you are well advised to go over all analysis sections in Units 1-9 dealing with verb forms and tenses and their use.

tense	indicative		subjunctive		alternate subjunctive	
future	er wird wohnen gehen sein etc.	(226)	er würde wohnen gehen sein etc.	(255)	er werde wohnen gehen sein etc.	(321)
present	er wohnt er geht er hat er ist er muß	(9) (9) (11) (11) (97)	er wohnte er ginge er hätte er wäre er müßte	(257) (257) (258) (258) (258)	er wohne er gehe er habe er sei er müsse	(321)
past	er wohnte er ging er hatte er war er mußte	(180) (182) (181) (182) (180)				
perfect	er hat gewohnt er ist gegangen er hat gehabt er ist gewesen er {hat gemußt {hat __müssen	(147) (148) (147) (148) (148) (148)	er hätte gewohnt er wäre gegangen er hätte gehabt er wäre gewesen er {hätte gemußt {hätte __müssen	(259)	er habe gewohnt er sei gegangen er habe gehabt er sei gewesen er {habe gemußt {habe __müssen	(321)
pluperfect	er hatte gewohnt er war gegangen er hatte gehabt er war gewesen er {hatte gemußt {hatte __müssen	(184)				
future perfect	er wird gewohnt haben gegangen sein gewesen sein etc.	(397)	er würde gewohnt haben gegangen sein gewesen sein etc.	(397)	er werde gewohnt haben gegangen sein gewesen sein etc.	(397)

REVIEW EXERCISE, UNITS 1-9

Numbers in parentheses refer to analysis sections.

A. 1. Sieben und neun ist _____.

sechzehn (p. 156)

2. The past tense of *ihr habt* is *ihr*_____ .

hattet (p. 181)

3. The perfect of *ich kann arbeiten* is *ich habe*

_____ _____.

arbeiten können (p. 148)

4. This construction is called "_____ _____."

double infinitive (p. 148)

5. We <u>have been living</u> in B. for two years.

    have been living = _____.

                                                                         wohnen (p. 154)

6. What is the auxiliary?

    a. er _____ geblieben   ist (p. 171)

    b. er _____ studiert   hat

    c. er _____ gestorben   ist

    d. er _____ gewesen   ist

    e. er _____ bleiben wollen   hat

7. Er wohnt in Berlin _____ seiner Tante.   bei (p. 123)

8. The prepositions governing the accusative are

    _____.   durch, für, gegen, ohne (p. 122)

9. Das ist mein Wagen. _____ gehört _____.   Der, mir (p. 127)

10. He isn't home yet. Er ist _____ zu Hause.   noch nicht (p. 70)

11. Wein haben wir nicht.

    = Wir haben _____ Wein.   keinen (p. 67)

12. Er kommt morgen zu uns.

    = Er _____ morgen zu uns _____.   wird, kommen (p. 226)

13. What are the articles and plurals?

    _____ Auto; die _____   das, Autos

    _____ Studentin; die _____   die, Studentinnen (p. 18)

14. I know he knows me.

    Ich _____, er _____ mich.   weiß, kennt (p. 40)

15. *Denn* is a _____ conjunction; therefore it   coordinating,

    requires verb-_____ position.   second (p. 73)

    Weil is a _____ conjunction; therefore it   subordinating,

    requires verb-_____ position.   last (p. 218)

16. Guten Abend. _____ Sie vielleicht noch ein Zimmer frei?   Hätten (p. 261)

17. You should not eat so much.

    Du _____ nicht so viel essen.   solltest (p. 261)

18. English *in order to* corresponds to German _____.   um . . . zu (p. 184)

19. a. I've been there <u>only once</u> (and that was all).   nur einmal (p. 153)

    b. I've been there <u>once before</u> (already).   schon einmal

    c. I've been there <u>only once</u> (so far).   erst einmal

20. a. I asked her. Ich fragte _____.   sie (p. 121)

      b. She answered me. Sie antwortete _____.   mir

B.   What is wrong? Each of the following sentences contains a common error. You will find the correct version in the margin.

1. Er weiß, daß er zu Hause bleiben sollen hätte.   hätte zu Hause bleiben sollen

2. Du mußt nicht vergessen, ihr Blumen zu schicken.   Du darfst nicht

3. Waren Sie damals auch ein Student?   auch Student

4. Ich sollte ihn eigentlich eingeladen haben.   hätte . . . einladen sollen

5. Wir müßten gestern zu Hause bleiben.   mußten

6. Brauchst du heute nicht arbeiten?   zu arbeiten

7. Ich weiß, das er in Berlin ist.   daß

8. Er wollte nicht uns sagen, wo er gewesen war.   uns nicht

9. Wo aßet ihr gestern abend?   habt . . . gegessen?

10. Wenn er zwanzig war, wurde er Soldat.   Als

11. Erst drei Wochen später, fuhr er nach Hause.   (no comma)

12. Daß er in B. wohnt, kenne ich schon lange.   weiß

13. Meyer ist seit zwei Jahren gestorben.   vor zwei Jahren

14. Er ist nicht bis um zwölf Uhr angekommen.   erst um zwölf Uhr

15. Wann haben Sie deinen Mann kennengelernt, Frau M.?   Ihren Mann

16. Er hat noch nie zu arbeiten müssen.   nie arbeiten (no *zu*)

17. Er hat lange nicht in Gott geglaubt.   an Gott

18. Ich will nicht ohne ihr gehen.   ohne sie

19. Er hat gestern mir ein Buch geschenkt.   mir gestern ein Buch

20. Wir fahren morgen zum Hamburg.   nach Hamburg

UNIT 10

A. Grammar in a Nutshell

PREPOSITIONS

Remember:

aus, außer, bei, mit, nach, seit, von, zu (see Analysis 60, pp. 123-124) ALWAYS with DATIVE.

bis, durch, für, gegen, ohne, um (see Analysis 59, pp. 122-123; 118, pp. 287-288) ALWAYS with ACCUSATIVE.

trotz, während, wegen (see Analysis 123, p. 293) normally with GENITIVE.

See Analysis 119 (pp. 288-290)

an, auf, hinter, in, neben, über, unter, vor, zwischen with DATIVE or ACCUSATIVE.

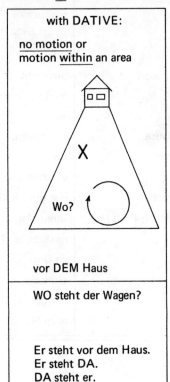

with DATIVE:

no motion or
motion within an area

X

Wo?

vor DEM Haus

WO steht der Wagen?

Er steht vor dem Haus.
Er steht DA.
DA steht er.

with ACCUSATIVE:

motion into an area

Wohin?

vor DAS Haus

WOHIN fährt er den Wagen?
or: WO fährt er den Wagen HIN?

Er fährt ihn vor das Haus.
Er fährt ihn DAHIN.
DA fährt er ihn HIN.

B. Programmed Exercises

1. What is the correct article?

   a. Er fuhr den Wagen vor _____ Haus.   das

   b. Er hielt vor _____ Haus.   dem

   c. What question do you use for 1a?   wohin?

      for 1b?   wo?

2. a. Wo hat er auf sie gewartet?

      Vor _____ Theater.   dem (dat.)

   b. Wo hat er sie hingebracht?

      In _____ Theater.   das (acc.)

      or: _____ Theater.   Ins (= in das)

c. How else could you phrase the question in 2b?

_____ | Wohin hat er . . . ?

3. a. Vor _____ Krieg lebte er in _____ Schweiz. | dem, der

b. Wir sind über _____ Schweiz nach Italien gefahren. | die

c. What is the English equivalent of *über* in 3b? | via, by way of

4. Although there is "motion" in the English sentence

He walked around <u>in the garden</u>,

the article in the German for *in the garden* must be in the

_____ case, because the entire action takes place | dative

_____ ; *in the garden* must therefore be translated | within an area

by _____, and the question would be _____? | im Garten, wo

5. Fill in articles or pronouns. Note that the prepositions come from three different groups: dative only, accusative only, and dative or accusative.

a. Er fuhr in _____ Stadt. | die (wohin?)

b. Er kam aus _____ Schweiz. | der (always dat.)

c. Er hielt vor _____ Bahnhof. | dem (wo?)

d. Er ging durch _____ Straßen. | die (always acc.)

e. Ingrid ging mit _____. (= Hans) | ihm (always dat.)

f. Er wollte etwas für _____ kaufen. | sie (always acc.)

g. Sie kamen vor _____ Hotel. | das (wohin?)

h. Sein Wagen stand hinter _____ Hotel. | dem (wo?)

i. Ingrid hatte auf _____ gewartet. | ihn (warten + acc.)

j. Sie wartete auf _____ Bahnhof. | dem (wo?)

k. Sie hatte ihn seit _____ Krieg nicht gesehen. | dem (always dat.)

A. Grammar in a Nutshell

See Analysis 122-123 (pp. 291-295)

THE GENITIVE CASE

Forms:

	interrog. pronouns		*der*-words				*ein*-words				see Analysis
Nom.	wer	was	der	die	das	die	ein	eine	ein	keine	20-24 (pp. 41-44)
Acc.	wen	was	den	die	das	die	einen	eine	ein	keine	20-24 (pp. 41-44)
Dat.	wem	was	dem	der	dem	den	einem	einer	einem	keinen	55-60 (pp. 118-124)
Gen.	WESSEN	___	DES	DER	DES	DER	EINES	EINER	EINES	KEINER	122-123 (pp. 291-295)
			masc.	fem.	neut.	pl.	masc.	fem.	neut.	pl.	

Uses:

1. With prepositions:

WÄHREND des Krieges
WEGEN des Regens (also: wegen <u>dem</u> Regen)
TROTZ des Regens (also: trotz <u>dem</u> Regen)

2. In time phrases:

  eines Tages, eines Morgens, eines Abends, eines Nachts

Note: *Eines Tages (Morgens, Abends, Nachts)* refers both to a past day (like English *one day*) and to a future day (like English *some day*).

3. The attributive genitive:

 a. Precedes if PROPER NAME:

  WERNERS Freundin
  INGES Mutter

 b. Follows if COMMON NOUN:

  das Haus MEINES VATERS
  am Abend IHRES GEBURTSTAGES

Remember:

1. *von* + dative often replaces the genitive:

  Werners Freundin → die Freundin von Werner
 die Tochter dieser Leute → die Tochter von diesen Leuten

2. Double genitive:

  one of my brother's friends

   einer der Freunde meines Bruders

   einer von den Freunden meines Bruders

3. English phrases with *of* plus noun usually have to be expressed in the genitive in German.

  the end of the year

  das Ende des Jahres

B. Programmed Exercises

1. The prepositions that take the genitive are _____.	während, wegen, trotz
2. The prepositions that MUST take the dative are _____.	aus, außer, bei, mit, nach, seit, von, zu
3. The prepositions that MUST take the accusative are _____.	bis, durch, für, gegen, ohne, um
4. a. Während _____ Sommers war er in den Alpen.	des
b. Während _____ Woche bin ich nie zu Hause.	der
c. Trotz _____ Regens haben wir gearbeitet.	des
d. Er blieb nur wegen __(sein)__ Freundin in Berlin.	seiner
5. Because *trotz* is often also used with the _____ case, especially in colloquial German, the first three words of 4c could also be _____.	dative Trotz dem Regen
6. Express the underlined words in German:	
a. Some day I'll speak German fluently.	Eines Tages
b. One night there was a terrible storm.	Eines Nachts
c. The German for *one night* is irregular by _____ with such forms as *eines Morgens* and *eines Abends*.	analogy (see Analysis 123, p. 294)

7. a. Both *the girl's father* and *the title of the novel* can be

expressed in German in the _____ case. Since | genitive
both *girl* and *novel* are common nouns (and not proper

names), the genitives must _____ the nouns | follow
they modify (*father* and *title*). Thus:

the girl's father = _____ | der Vater des Mädchens

the title of the novel = _____ | der Titel des Romans

b. If *the girl* is replaced by a proper name, e.g., by *Susi,* the

genitive must _____ the noun it modifies | precede
(*father*). Thus:

Susi's father = _____ | Susis Vater

8. Try again: (watch apostrophes in English; <u>NO</u> apostrophes
in German)

a. my friend's book = _____ | das Buch meines
. Freundes
b. my friends' books = _____ | die Bücher meiner
Freunde
c. my friend's books = _____ | die Bücher meines
Freundes
d. my friends' book = _____ | das Buch meiner
Freunde
e. Meyer's book = _____ | Meyers Buch

f. Mr. Meyer's book = _____ | Herrn Meyers Buch

g. Mrs. Meyer's book = _____ | Frau Meyers Buch

A. Grammar in a Nutshell

EIN-WORDS WITHOUT NOUNS

See Analysis
124 (pp. 295-
296) (See Patterns [7], p. 286, and Exercise E, p. 304)

If not followed by a noun, *ein*-words have the same ending as
der-words, that is, the three forms of *ein* that you have learned
to use without an ending, now <u>must</u> be used <u>with</u> an ending.

	masc.	fem.	neut.	plural
<u>Nom.</u>	meiner	meine	mein(e)s	
<u>Acc.</u>	meinen	meine	mein(e)s	no
<u>Dat.</u>	meinem	meiner	meinem	change
<u>Gen.</u>	meines	meiner	meines	

nom. masc.: Hier ist ein Wagen, und dort ist auch EINER.
nom. neut.: Das ist mein Buch. Wo ist denn DEINS?
acc. neut.: Ich habe kein Buch. Hast du EINS?

B. Programmed Exercises

Supply the proper *ein*-words.

1. Ich gehe mit zwei Freunden ins Kino; _____ von | einer
ihnen ist schon hier.

2. Ist das _____ von Ingelheims Büchern? | eins

3. Ja, es ist _____ seiner Kriegsromane. | einer

4. Von seinen Detektivromanen habe ich noch _____ | keinen
gelesen.

5. Ist *Das Ende bei Karthago* auch _____ Buch von | ein
ihm?

6. Ja, das ist auch _____ von seinen Büchern. | eins

UNIT 11

A. Grammar in a Nutshell

Review the forms of the subjunctive presented in Unit 9.

See Analysis
127-128
(pp. 317-320)

INDIRECT DISCOURSE

introductory verb	indirect-discourse statement
present tense	Er sagt, ⎰ es ist sehr heiß (gewesen=war sehr heiß.) ⎱ es wäre sehr heiß (gewesen). es sei sehr heiß (gewesen).
past ⎱ perfect ⎰ pluperfect ⎰	Er sagte, ⎱ hat gesagt, ⎰ ⎰es wäre⎱ sehr heiß (gewesen). hatte gesagt,⎰ ⎱es sei ⎰

B. Programmed Exercises

Translate the *underlined* portions.

1. He told me he <u>was</u> sick.   wäre

2. He told me I <u>didn't have to come</u>.   brauchte nicht zu kommen

3. He said he <u>would be working</u> in the garden tomorrow.   würde . . . arbeiten

4. He wrote that he <u>would come</u> tomorrow.   käme
                                                                     (würde . . . kommen)

A. Grammar in a Nutshell

See Analysis
129-131
(pp. 320-322)

ALTERNATE SUBJUNCTIVE (See table on p. 32 of the Study Guide)

<u>Forms:</u>

1. Most frequently used: sein: ich SEI
                                   er SEI
                                   wir SEIEN
                                   sie SEIEN

2. All other verbs: only *ich* and *er, sie, es* forms.

   Infinitive stem plus -*e:*
      haben: ich, er HABE
      arbeiten: ich, er ARBEITE
      nehmen: ich, er NEHME
      können: ich, er KÖNNE
      wollen: ich, er WOLLE

<u>Uses:</u>

Rule of thumb: The alternate subjunctive is INTERCHANGE-
ABLE with the normal subjunctive (see Unit 9) EXCEPT when

there is ambiguity, that is, when the forms are not clearly recognizable as subjunctive forms.

Er sagte, er $\left\{ \begin{array}{c} \text{HÄTTE} \\ \text{HABE} \end{array} \right\}$ mein Buch vergessen.

Er sagte, ich $\left\{ \begin{array}{c} \text{HÄTTE} \\ \text{habe} \end{array} \right\}$ sein Buch vergessen.

Sie sagten, sie $\left\{ \begin{array}{c} \text{MÜßTEN} \\ \text{müssen} \end{array} \right\}$ nach Berlin fahren.

Use *SOLLEN* for indirect IMPERATIVES.

Er sagte: "Gehen Sie nach Hause."

Er sagte, ich $\left\{ \begin{array}{c} \text{SOLLTE} \\ \text{SOLLE} \end{array} \right\}$ nach Hause gehen.

Note that English uses the same pattern:

He said, "Go home."

He said that I <u>should</u> go home. (= He told me to go home.)

B. Programmed Exercises

1. Forms like *habe, liebe, arbeite* are unmistakably subjunctive

   if the subject is in the _____ person, but they are   third

   ambiguous if their subject is the personal pronoun _____.   ich

2. The normal subjunctive and the alternate subjunctive are

   normally _____, but the normal subjunctive   interchangeable

   <u>must</u> be used if the alternate subjunctive form could also

   be _____.   indicative

3. Supply <u>both</u> subjunctive forms <u>where possible</u>:

   a. sein: Er sagte, er _____ in Berlin.   sei, wäre

   b. haben: Er sagte, er _____ Meyer gesehen.   habe, hätte

   c. haben: Er sagte, Meyers _____ ihn eingeladen.   (no), hätten

   d. gehen: Sie sagten, sie _____ ins Kino.   (no), gingen

   e. müssen: Er sagte, er _____ nach Berlin fahren.   müsse, müßte

4. Indirect imperative.

   a. Er sagte: „Gehen Sie nach Hause."

      Er sagte, ich _____ nach Hause.gehen.   solle, sollte

   b. Er sagte zu uns: „Kommen Sie morgen."

      Er sagte, wir _____ morgen kommen.   (no), sollten

A. Grammar in a Nutshell

See Analysis
132 (pp. 322-
324)

ALS, OB, WANN, WENN

1. *als:*
   a. Corresponds to English WHEN, <u>but only</u> if it refers to
      ONE SINGLE EVENT IN THE PAST TIME: = AT THE
      TIME WHEN.

      ALS ich um 5 Uhr nach Hause kam, war sie schon da.

   b. Short form of ALS OB (ALS WENN):

      Er tat, ALS schliefe er (als ob er schliefe).

2. *ob:*   Corresponds to English IF = WHETHER

   Indirect yes-or-no questions:

                                   Kommst du?

               Er will wissen, OB ich komme.

3. *wann:* Interrogative, meaning AT WHAT TIME?

   Direct question: WANN kommst du?
   Indirect question: Er will wissen, WANN ich komme.

4. *wenn:*
   a. Corresponds to English IF (but <u>not</u> WHETHER) in
      conditional clauses:

      WENN er käme, wäre ich glücklich.

   b. Means AT THE TIME WHEN in present or future (see 3a
      above):

      WENN er kommt, gehen wir sofort zu Meyers.

   c. Corresponds to English WHENEVER:

      WENN er kam, gingen wir <u>immer</u> ins Kino.

      or: <u>Jedesmal</u> WENN er kam, gingen wir ins Kino.

      Technical term: Iterative (= repeated) action

B. Programmed Exercises

1. Wenn er nach Hause kommt, gebe ich ihm den Brief sofort.

   If this sentence is put in the past tense, *wenn* must be

   replaced by *als* because _____.   there is only a single
                                                                      event

2. Wenn ich nach Wien komme, gehe ich immer ins Theater.

   This time, *wenn* cannot be replaced by *als* in the past

   tense because _____.   *immer* indicates that
                                                                      this is a repeated
                                                                      action

3. He wants to know if I'll come.

   Er will wissen, ~~wann~~ ich komme.

   a. *Wenn* is wrong in this sentence, because _____.   *if* corresponds to
                                                                      whether, therefore
                                                                      ob must be used

   b. You may also have wanted to translate "when (= at
      what time) I'll come." *Wenn* is still wrong; it should

      be _____.   wann

   c. In 3b, the dependent clause is an _____   indirect

      question; *when,* therefore, is _____.   interrogative

4. Fill in the blanks with *wann, ob, als,* or *wenn.*

a. _____ ich kann, komme ich.

Wenn

b. _____ Klaus anrief, schlief Rosemarie noch.

Als

c. Sie tat, _____ schliefe sie noch.

als

d. Es wäre schön, _____ du hier wärst.

wenn

e. Weißt du, _____ er schon hier ist?

ob

f. _____ soll er denn kommen?

Wann

g. Ich bin immer glücklich, _____ du hier bist.

wenn

5. Now give the English equivalent and the reason for the use of *wann, ob, als,* or *wenn.*

a. Wenn es morgen regnet, komme ich nicht.

if: open condition

b. Als es anfing zu regnen, gingen wir ins Haus.

when = at the time
when: single event
in the past

c. Ich weiß nicht, ob ich kommen kann.

if (whether):
indirect question

d. Ich wäre froh, wenn du hier wärst.

if: irreal condition

e. Sie sieht immer aus, als wäre sie krank.

as if: (with subj.)
(= als ob sie
krank wäre)

f. Hat er dir gesagt, wann er kommt?

when: indir. question
(at what time)

g. Wenn er mich besuchte, war ich immer glücklich.

when = whenever

Reading. The following exercise is designed to test your comprehension of the Brecht story. For each blank, select the correct completion, then check the answers provided at the end of the exercise. Unless you have made no errors, reread the story on pp. 328-330.

Wenn die Haifische Menschen wären

„Wenn die Haifische Menschen wären", fragte Herrn K. die kleine ____(1)____ seiner Wirtin, „wären sie dann netter zu den kleinen Fischen?" „____(2)____", sagte er. „Wenn die Haifische Menschen wären, würden sie im Meer für die kleinen Fische gewaltige Kästen bauen ____(3)____, mit allerhand Nahrung drin, sowohl Pflanzen als auch Tierzeug. Sie ____(4)____ sorgen, daß die Kästen immer frisches Wasser hätten, und sie würden überhaupt allerhand sanitäre Maßnahmen treffen. Wenn ____(5)____ ein Fischlein sich die Flosse verletzen würde, dann würde ihm sogleich ein Verband gemacht, damit es den ____(6)____ nicht wegstürbe vor der Zeit. Damit die Fischlein nicht trübsinnig würden, gäbe es ab und zu große Wasserfeste; ____(7)____ lustige Fischlein schmecken besser als trübsinnige. Es gäbe natürlich auch Schulen in den großen Kästen. In diesen ____(8)____ würden die Fischlein lernen, wie man in den Rachen der Haifische schwimmt. Sie würden zum Beispiel Geographie brauchen, damit sie die großen Haifische, die faul irgendwo liegen, finden ____(9)____. Die Hauptsache wäre natürlich die moralische Ausbildung des Fischleins. Sie würden unterrichtet werden, daß es das Größte und Schönste sei, wenn ein Fischlein sich freudig aufopfert, und daß sie alle an die ____(10)____ glauben müßten, vor allem, wenn sie sagten, sie würden für eine schöne Zukunft sorgen."

1. a. Frau b. Schwester
   c. Tochter d. Mutter
2. a. Nein b. Aber
   c. Leider d. Sicher
3. a. lassen b. haben
   c. sein d. sollen
4. a. werden b. würden
   c. wird d. wurden
5. a. zum Beispiel
   b. beim Schreiben
   c. wie immer
   d. am besten
6. a. Fischlein
   b. Haifischen
   c. Kästen d. Menschen
7. a. da b. dann
   c. weil d. denn
8. a. Kästen b. Büchern
   c. Schulen d. Festen
9. a. kann b. konnten
   c. konnte d. könnten
10. a. Haifische
    b. Geographie
    c. Ausbildung
    d. Fischlein

Correct answers:
1. c, 2. d, 3. a, 4. b, 5. a,
6. b, 7. d, 8. c, 9. d, 10. a

UNIT 12

A. Grammar in a Nutshell

RELATIVE PRONOUNS

See Analysis
133 (pp. 345-
347)
German has DEFINITE and INDEFINITE RELATIVE
PRONOUNS.

The definite relative pronoun has the same forms as the
definite article: *der, die, das,* but note the genitives

DESSEN   DEREN   DESSEN   DEREN

and the dative plural   DENEN

Agreement:

antecedent determines   function in relative
gender and number   clause determines case

Von einem Mann, | der | Ingelheim heißt, weiß
                             ich nichts.

⟶   masc. sing.
     subject = nominative   ⟵

The indefinite relative pronouns are *wer* and *was.*

Uses:

1. No antecedent:

   WER Geld hat, hat auch Freunde.

2. Antecedent is an entire clause:

   Er hat mich eingeladen, WAS ich sehr nett finde.

3. With *alles, nichts, etwas:*

   Alles, WAS er sagt, ist Unsinn.

B. Programmed Exercises

1. Der Mann, den Erika gesehen hat, ist Meyer.

   The form *den* shows that the relative pronoun agrees in

   gender and number with its _____, but it is in   antecedent
                                                                     (*der Mann*),
   the accusative because it is the _____ of the   direct object
   relative clause.

2. Die Frau, (rel. pron.) das Buch gehört, ist nicht mehr hier.

   The relative pronoun must be _____, because the   der

   verb *gehören* governs the _____ case.   dative

3. Ich habe nichts gesehen, (rel. pron.) dir gehört.

   a. The relative pronoun must be _____, because   was

      its antecedent is _____.   nichts

   b. After *nichts* and *etwas,* you must use one of the

      _____ relative pronouns.   indefinite

4. Supply the correct relative pronouns in the incomplete sentences below.

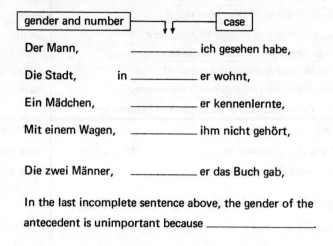

Der Mann,		_____ ich gesehen habe,	den: masc. sing. direct·obj. (acc.)
Die Stadt,	in	_____ er wohnt,	der: fem. sing. dative (wo?)
Ein Mädchen,		_____ er kennenlernte,	das: neut. sing. direct obj.
Mit einem Wagen,		_____ ihm nicht gehört,	der: gender? number? function?
Die zwei Männer,		_____ er das Buch gab,	denen: number? function?

In the last incomplete sentence above, the gender of the

antecedent is unimportant because _____.

in the plural, all three genders have the same form

A. Grammar in a Nutshell

See Analysis 134-136 (pp. 347-350)

DA-COMPOUNDS, *WO*-COMPOUNDS

PREPOSITION plus PERSON = preposition plus personal
pronoun

mit Karl ⟶ mit ihm

mit meinem Vater ⟶ mit ihm

PREPOSITION plus THING(S) = *da*-compound

mit meinem Wagen ⟶ damit
mit meiner Uhr ⟶ damit
mit zwei Büchern ⟶ damit

Remember:

1. With UNSTRESSED nouns and pronouns, *da*-compounds MUST be used.

2. With STRESSED nouns and pronouns, you have a choice:

a. mit d̲e̲m̲' Buch ⎱ either da̲mit or mit de̲m'
b. mit dem B̲u̲c̲h̲' ⎰

Unlike *da*-compounds, *wo*-compounds are optional.

AN WAS denkst du?
WORAN denkst du?

See Analysis 121 (p. 291)

Note: Directives are replaced by DAHIN or DAHER.

Fährst du nach Hamburg? Dahin fahre ich auch.

Du kommst vom Rhein? Daher komme ich auch.

B. Programmed Exercises

1. Replace the underlined elements by either a *da*-compound or a preposition plus personal pronoun.

a. Das Geld war nicht in der Tasche.   darin

b. In die Schweiz fahren wir dieses Jahr nicht.   Dahin

c. Wir kommen gerade von der Mosel.   daher

d. Ich bin kein Freund <u>von Moselwein</u>.	davon
e. Gerhard ist ein Freund <u>von Herrn Kögel</u>.	von ihm
f. Der Wagen stand direkt <u>vor dem Hotel</u>.	davor
g. Was hast du denn <u>mit meiner Uhr</u> gemacht?	damit
h. Georg war gestern <u>mit meiner Schwester</u> im Kino.	mit ihr
i. Ich fahre in einer Stunde <u>zum Bahnhof</u>.	dahin
j. Der Schlüssel gehört <u>zu meinem Volkswagen</u>.	dazu

2. In 1b *dahin* rather than *darin* must be used because *in die Schweiz* is a _____.   directive

3. *Dahin* is used if the motion is _____ the speaker,   away from

and *daher* is used if the motion is _____ the   toward
speaker.

4. *Dar-* rather than *da-* must be used if the preposition begins

with a _____.   vowel

A. Grammar in a Nutshell

PREPOSITIONAL OBJECTS

While you are studying prepositional objects, review objects in the DATIVE (see Analysis 56-57, pp. 119-122) and in the ACCUSATIVE (see Analysis 20-24, pp. 41-44).

See Analysis
137-138
(pp. 351-354)
It is MOST IMPORTANT that you memorize the list of verbs with prepositional objects on p. 352, because English usually does not use the same preposition. As additional verbs are introduced in later units, be sure to memorize them WITH THEIR PREPOSITIONS.

Remember: Prepositional objects with *an, auf, über* are in the ACCUSATIVE:

  Ich denke AN DICH.
  Er wartet AUF MICH.
  Sie lacht ÜBER IHN.

Note the difference:

  Ich warte <u>auf der</u> Post.   (Wo?)
   (I'll be waiting at the post office.)

  Ich warte <u>auf die</u> Post.   (auf was? worauf?)
   (I am waiting for the mail.)

  Ich fahre <u>an den</u> Bodensee. (Wohin?)

  Ich wohne <u>am</u> Bodensee.   (Wo?)

  Ich denke <u>an den</u> Bodensee. (an was? woran?)

  Ich denke <u>an den</u> Vater.   (an wen?)

Prepositional objects are <u>always</u> SECOND PRONG.

Ich | warte | heute abend   auf Julia.

                                 auf sie.

                      nicht

Ich | habe | meinem Freund   für die Blumen | gedankt.

                                 dafür | gedankt.

Expansion into dependent clauses or infinitive phrases:
(Anticipatory *da*-compounds)

Ich danke dir FÜR deine Hilfe.

⟶ Ich danke dir DAFÜR, daß <u>du</u> mir <u>geholfen</u> hast.

Ich hoffe AUF ein Wiedersehen mit ihr.

⟶ Ich hoffe DARAUF, sie wiederzusehen.

B. Programmed Exercises

1. After you have memorized the verb list on p. 352, do the
   following exercise by supplying the correct prepositions.

   a. Warum hast du Angst _____ ihm?   vor

   b. Hat er dich _____ einem Glas Wein eingeladen?   zu

   c. Heinrich Meyer versteht nichts _____   von
      Psychologie.

   d. Ich halte Meyer _____ einen Dummkopf.   für

   e. Warum hältst du nichts _____ Meyer?   von

   f. Der Schlüssel gehört _____ meinem VW.   zu

   g. _____ seinen Brief habe ich nicht geantwortet.   Auf

   h. Ich habe lange nichts _____ ihm gehört.   von

   i. Darf ich Sie _____ etwas bitten?   um

   j. Wie hat er _____ deinen Brief reagiert?   auf

2. Now supply the correct article. Remember that the *an-auf-
   über* group takes the accusative.

   a. Hast du ihm für _____ Blumen gedankt?   die (acc. pl.)

   b. Hast du an _____ Bier gedacht?   das (neut. acc. sing.)

   c. Über _____ Brief muß ich noch nachdenken.   den (masc. acc. sing.)

   d. Fragen Sie ihn doch nach _____ Geld.   dem (neut. dat. sing.)

   e. Herr Meyer glaubt an _____ Fortschritt.   den (masc. acc. sing.)

   f. Er lachte immer über _____ Professoren.   die (acc. pl.)

   g. Wir sprachen von _____ Romanen von Ingelheim.   den (dat. pl.)

   h. Wir haben lange auf _____ Brief gewartet.   den (masc. acc. sing.)

UNIT 13

A. Grammar in a Nutshell

INFINITIVES

See Analysis
139 (p. 393)

Present infinitive		Past infinitive		
(zu) wohnen	to live	gewohnt	(zu) haben	to have lived
(zu) gehen	to go	gegangen	(zu) sein	to have gone
(zu) können	(to be able)	gekonnt	(zu) haben	(to have been able)
(zu) haben	to have	gehabt	(zu) haben	to have had
(zu) sein	to be	gewesen	(zu) sein	to have been

TIME RELATIONSHIPS

See Analysis
139 (p. 393)

1. Present and past infinitives.

There are two possible relationships between the time of the finite verb (first prong) and the time of the infinitive:

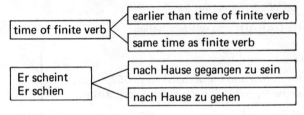

See Analysis
128 (pp. 319-
320)

The time of the introductory verb is immaterial; what determines the type of infinitive is only its time relationship to the time of the introductory verb. The same is true with indirect discourse, except that in indirect discourse there is also the possibility of a later time in the indirect-discourse clause.

2. Indirect discourse.

events related take place:

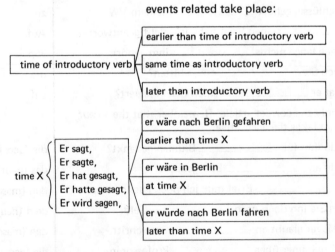

3. Modals.

See Analysis
140 (pp. 393-
397)

When modals are used with either present or past infinitives, the same kind of time relationships must be observed.
Complication: Because *mußte* (past tense) is usually used instead of *hat ... müssen* (perfect), the form *mußte* appears in two different functions in the table below. (See above, p. 26 of the Study Guide.)

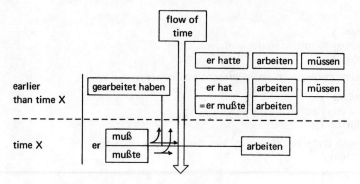

OBJECTIVE AND SUBJECTIVE USE OF MODALS

Review all analysis sections dealing with modals: Analysis
45-51, 65, 76, 80, 90, 109-110, pp. 95-99, 148, 180, 183-184,
218, 258-260.

1. Objective use: Only the grammatical subject is affected by
   the modal. The speaker's attitudes are not involved.

> MEYER ←——→ MUß ARBEITEN.
> MEYER ←——→ HAT ARBEITEN MÜSSEN.

See Analysis
140 (pp. 393-
397)
2. Subjective use: Some sort of assumption is made about the
   grammatical subject, usually by the speaker, which, objectively, is not necessarily true.
   Speaker and subject may, of course, be identical:

> Ich muß geschlafen haben.
> = I assume that I have slept.

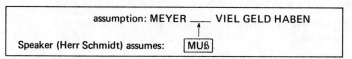

The same situation can be expressed without using a modal:

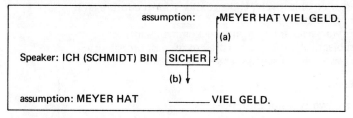

The last diagram shows: If a modal is used subjectively, it can
be replaced by an introductory statement or by a sentence
adverb.

Use of tenses:
Only PRESENT and PAST with subjective modals, with either
present or past dependent infinitives.

Use of subjunctive:
Subjunctive does NOT automatically imply subjective use. It
usually implies a more tentative assumption, but not irreality.

> DO NOT CONFUSE: grammatical subject
> subjective use of modal
> subjunctive

Compare:

1. Er $\begin{Bmatrix} \text{muß} \\ \text{kann} \\ \text{mag} \end{Bmatrix}$ schon zu Hause <u>sein</u>.

   = <u>Present</u> assumption about <u>present</u> possibility

2. Er $\begin{Bmatrix} \text{müßte} \\ \text{könnte} \\ \text{dürfte} \end{Bmatrix}$ schon zu Hause <u>sein</u>.

   = <u>Present</u>, but more <u>tentative</u>, assumption about <u>present</u> possibility

3. Er $\begin{Bmatrix} \text{muß} \\ \text{müßte} \\ \text{kann} \\ \text{könnte} \\ \text{mag} \\ \text{dürfte} \end{Bmatrix}$ schon zu Hause <u>gewesen sein</u>.

   = <u>Present</u> assumption about <u>past</u> possibility

Remember:

1. <u>Möchte</u> cannot be used in the same way:

   Er möchte zu Hause sein.
   = He would like to be at home. (objective)

2. <u>Wollen</u>, used subjectively, implies a claim:

   Er will General sein (General gewesen sein).
   = He claims to be (to have been) a general.

3. <u>Sollen</u>, used subjectively, implies hearsay:

   Er soll wieder in Berlin sein.
   = I hear that he is in Berlin again.

4. <u>Scheinen</u> behaves like a subjective modal: only present and past may be used:

   Er $\begin{Bmatrix} \text{scheint} \\ \text{schien} \end{Bmatrix}$ in Berlin $\begin{Bmatrix} \text{zu sein.} \\ \text{gewesen zu sein.} \end{Bmatrix}$

5. <u>Werden</u>, used objectively, is the auxiliary for the future and future perfect tenses:

   Er wird bald ankommen (angekommen sein).
   Used subjectively, it expresses present or past probability:
   Er wird (wohl) schon hier sein (gewesen sein).

B. Programmed Exercises

1. There are two types of infinitives:

   _____ and _____.   present, past

2. Supply infinitives of *arbeiten* as indicated. Observe presence or absence of *zu*.

   a. Er scheint _____. (pres.)   zu arbeiten

   b. Er muß _____. (pres.)   arbeiten

   c. Er wollte _____. (pres.)   arbeiten

   d. Er muß _____. (past)   gearbeitet haben

   e. Er scheint _____. (past)   gearbeitet zu haben

   f. Er schien _____. (past)   gearbeitet zu haben

g. Er soll _____. (pres.)   arbeiten

h. Er hat _____ müssen. (pres.)   arbeiten

3. Er schien zu schlafen.

The use of past tense with present infinitive implies that

the sleeping took place _____ the time of *schien.*   at the same time

4. Modals can be used in two ways, _____ or   subjectively

_____.   objectively

5. If used <u>objectively</u>, only the _____ of the   subject
sentence is affected; if used <u>subjectively</u>, the modal

expresses an _____ on the part of the _____.   assumption, speaker

6. With the subjunctive, subjective modals express a more

_____ assumption of the speaker's part.   tentative

7. Subjective or objective?

Er <u>müßte</u> eigentlich schon hier sein.   subjective

8. Er will Arzt sein und in Wien studiert haben.

He _____ to be a doctor and _____   claims, to have
in Vienna.   studied

9. Meyer soll schon wieder in Italien gewesen sein.

Subjective or objective?   subjective

The sentence expresses _____.   hearsay

10. Der Arzt sagt, ich soll jeden Tag schwimmen.

Subjective or objective?   objective

11. a. The indicative of *ich möchte* is *ich*_____.   mag

b. Ich habe ihn nie gemocht. I never _____ him.   liked

c. He <u>was perhaps</u> 20 years old. Er _____   mochte
20 Jahre alt sein.

12. Subjective: Er kann schon zu Hause sein.

It is _____ that he is already at home.   possible

What is the change in the meaning if *kann* is replaced by
könnte?   more tentative

13. With subjective modals, the subjunctive does not imply

_____.   irreality

14. a. Meyer hätte fliehen können.

Past subjunctive plus present infinitive implies Meyer's

_____ ability to do something in the _____.   past, past

b. Meyer könnte geflohen sein.

Present subjunctive plus past infinitive implies a

_____ possibility that Meyer escaped in the   present

_____.   past

15. Subjective or objective? (S or O)

a. Er sagte, er <u>müßte</u> heute arbeiten.   O: indirect discourse

b. Wenn sie in England gelebt hat, <u>müßte</u> sie doch   S: qualified
Englisch können.   assumption

c. Was? Er <u>will</u> gestern abend hier gewesen sein?   S: claim

d. Er <u>will</u> schon wieder nach Italien fahren.   O: intention

e. Hans <u>sollte</u> um acht Uhr kommen, aber er kam erst   O: plan of operation
   um neun.

f. Ich <u>sollte</u> eigentlich schon gestern nach B. fahren.   O: plan of operation

g. Maria <u>sollte</u> damals auch dort gewesen sein, aber das   S: hearsay
   habe ich nie geglaubt.

h. Er <u>kann</u> gut fahren;   O: ability
   er <u>könnte</u> also schon in Bonn sein.   S: possibility

i. Ingelheim <u>mochte</u> damals nicht gesund gewesen sein.   S: inference

j. Er <u>mochte</u> keinen Wein mehr.   O: dislike

k. Ich <u>hätte</u> natürlich auch zu Hause bleiben <u>können</u>.   O: ability

l. Er <u>könnte</u> das Geld auch gestohlen haben.   S: possibility

m. Er <u>durfte</u> sie nach Hause bringen.   O: permission

n. Er <u>dürfte</u> sie nach Hause gebracht haben.   S: possibility

16. Supply the correct forms of *wollen* and the correct
    infinitive.

   a. Er behauptet, General zu sein.

      Er _____ General _____.   will, sein

   b. Er behauptete, General gewesen zu sein.

      Er _____ General _____.   wollte, gewesen sein

   c. Er behauptet, General gewesen zu sein.

      Er _____ General _____.   will, gewesen sein

   d. Er behauptete, General zu sein.

      Er _____ General _____.   wollte, sein

A. Grammar in a Nutshell

SENTENCE ADVERBS

Review Analysis 44, 115, 148, pp. 73-74, 262, 401.

Like subjective modals, sentence adverbs express an <u>attitude</u>
<u>or assumption</u> on the part of the speaker.

Ich bin sicher, daß er zu Hause ist. ⟶ Er ist <u>sicher</u> zu Hause.

Ich glaube bestimmt, daß er schon hier ist. ⟶ Er ist <u>bestimmt</u> schon hier.

Ich hoffe, er ist wieder da. ⟶ Er ist <u>hoffentlich</u> wieder da.

<u>Position:</u>

Three possible positions: (a) front field, (b) inner field, or
(c) end field, but most sentence adverbs appear only in (a)
or (b).

   Leider ist er krank.
   Er ist leider krank.
   Er ist krank—leider. (afterthought)

INNER FIELD ONLY: *denn, ja, doch;* also, *doch nur* followed
by a subjunctive. When used in front field, *denn* is <u>not</u> a
sentence adverb.

In the inner field, sentence adverbs stand <u>between items of no news value and items of news value.</u>

The following words, introduced through Unit 13, can be used as sentence adverbs.

denn	sicher	eigentlich	hoffentlich
ja	bestimmt	übrigens	wahrscheinlich
doch	wirklich	natürlich	gottseidank
doch nur	wenigstens	leider	glücklicherweise

The difference between *doch nur* and *nur:*

German *doch nur* can only be followed by a subjunctive in an irreal condition.

1. Wenn wir doch nur unser Haus nicht verloren hätten.
   If only we had not lost our house.
   (Implication: But we did lose it.)

German *nur* without a preceding *doch* can be followed by either an indicative or a subjunctive. If followed by an indicative, the *wenn*-clause is an open condition.

2. Wenn wir nur unser Haus nicht verloren haben! (indicative)
   If only we have not lost our house!
   (Implication: Maybe we have not lost it.)

3. Wenn wir nur unser Haus nicht verloren hätten. (subjunctive)
   (Same meaning as 1.)

B. Programmed Exercises

Add a fitting sentence adverb:

1. I'm quite certain that he is in Berlin.

   Er ist _____ in Berlin. | sicher

2. He had the good fortune of not being a soldier.

   Er war _____ nicht Soldat. | glücklicherweise

3. Incidentally, do you know that Karl is here?

   Weißt du _____, daß Karl hier ist? | übrigens

4. If only I didn't have to visit Tante Amalie.

   Wenn ich _____ Tante Amalie nicht besuchen müßte. | doch nur

5. You are coming tomorrow, aren't you?

   Sie kommen _____ morgen, nicht wahr? | doch

6. It's too bad, but I won't be able to come.

   Ich kann _____ nicht kommen. | leider

7. I really ought to go home, but . . .

   Ich müßte _____ nach Hause, aber . . . | eigentlich

8. He's gone to Berlin, you know.

   Der ist _____ nach Berlin gefahren. | doch

9. Are you working today? (I'm surprised.)

   Arbeiten Sie _____ heute? | denn

10. You're staying in Cologne, I hope.

    Du bleibst _____ in Köln. | hoffentlich

11. Is it true that he is staying here?

   Bleibt er _____ hier?   wirklich

12. I am sure he has a friend in Cologne.

   Er hat _____ eine Freundin in Köln.   bestimmt, sicher

UNIT 14

A. Grammar in a Nutshell

See Analysis **THE EMPHATIC PRONOUN** *SELBST (SELBER)*
149-150
(pp. 425-426)   Do not confuse the emphatic pronoun   SELBST
                        and the reflexive pronoun   SICH

The emphatic *selbst* is always stressed.
Use it when English *-self (-selves)* is stressed.
Its use has nothing to do with reflexives; it occurs with
reflexive and with nonreflexive verbs.

> I did it my<u>self</u>.
> Ich habe es <u>selbst</u> getan.
>
> Think of your<u>self</u> for a change, too.
> Denk doch auch mal an <u>dich</u> <u>selbst</u>.
>
> He is amazed at it him<u>self</u>.
> Er wundert <u>sich</u> <u>selbst</u> darüber.

<u>Uses</u>:

1. To emphasize a preceding noun or pronoun:

   Er fährt $\left\{ \begin{array}{c} \text{selbst} \\ \text{selber} \end{array} \right\}$ nach Berlin.

2. To express the idea "without help":

   Ich kann den Brief ja auch $\left\{ \begin{array}{c} \text{selbst} \\ \text{selber} \end{array} \right\}$ schreiben.

3. To contrast two statements:

   Ich <u>selbst</u> muß <u>hier</u> bleiben, aber <u>du</u> kannst <u>gehen</u>.

4. As a synonym of *auch:*

   Ich habe $\left\{ \begin{array}{c} \text{selbst} \\ \text{selber} \\ \text{auch} \end{array} \right\}$ kein Geld.

5. As a synonym of *sogar* and *auch* meaning *even*
   (<u>not</u> interchangeable with *selber*):

   $\left\{ \begin{array}{c} \text{Selbst} \\ \text{Sogar} \\ \text{Auch} \end{array} \right\}$ <u>das</u> ist ihm zuviel.

B. Programmed Exercises

1. *Selbst* and *selber* are _____ pronouns.   emphatic

2. They are (always? never?) stressed.   always

3. Du brauchst mir nicht zu helfen; ich kann das <u>selber</u> machen.

The meaning of *selber* in this sentence is "_____." | without help

4.   Ich bin <u>selbst</u> nicht glücklich.

or: Ich bin _____ nicht glücklich. | auch

5. Selbst Meyer war gestern im Kino.

   a. *Selbst* can be replaced by _____ or _____. | Sogar, Auch

   b. *Selbst Meyer* must be translated by _____. | Even Meyer

   c. In this case, *selbst* cannot be replaced by _____. | selber

6. a. English *each other* corresponds to German

   _____. | einander

   b. This form is called a _____ pronoun. | reciprocal

   c. They helped each other.

     Sie halfen _____. | sich

     or: _____. | einander

A. Grammar in a Nutshell

See Analysis
149-152
(pp. 425-431)

REFLEXIVE VERBS

German reflexive verbs do not present much of a structural problem once you get used to the fact that German has many more mandatory reflexives than English. (The English equivalents do not contain a form like *myself*.)

Be sure to distinguish between <u>dative</u> reflexives and <u>accusative</u> reflexives. (See footnote on p. 446.) The main <u>learning problem</u> is to memorize the large number of reflexives introduced in this unit.

2 types of reflexive verbs:

See Analysis
152 (p. 428)

1. Occasional reflexives.
   (English equivalents show a form like *myself*.)

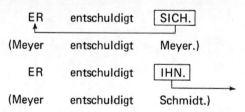

ER   entschuldigt   SICH.

(Meyer   entschuldigt   Meyer.)

ER   entschuldigt   IHN.

(Meyer   entschuldigt   Schmidt.)

<u>Both</u> *sich* and *ihn* are genuine accusative objects.

See Analysis
152 (pp. 428-429)

2. Mandatory reflexives.
   (English equivalents do not normally show a form like *myself*.)

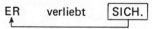

ER   verliebt   SICH.

Sich is <u>not</u> an accusative object, but part of the verbal pattern.

transitional vs. nontransitional:

See Analysis
152 (p. 429)
Both occasional and mandatory reflexives can express a
transition from one state to another.

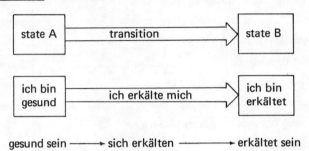

gesund sein ⟶ sich erkälten ⟶ erkältet sein

The resulting state is expressed by *SEIN* + PARTICIPLE

sich verlieben—verliebt sein
sich anziehen —angezogen sein
sich ausruhen—ausgeruht sein
sich rasieren —rasiert sein

Nontransitional reflexives do not normally have a *sein +
participle* form, because they express a continuous activity.

See Analysis
152 (pp. 429-
430)
setzen, stellen, legen:

Carefully distinguish between THREE SETS OF FORMS.

1.   setzen—   stellen—   legen—transitive, weak verbs

2. sich setzen—sich stellen—sich legen—transitive, weak verbs
                                            (occasional reflexives)

3.   sitzen—   stehen—   liegen—intransitive, strong verbs

Be sure you know the principle parts of these verbs.

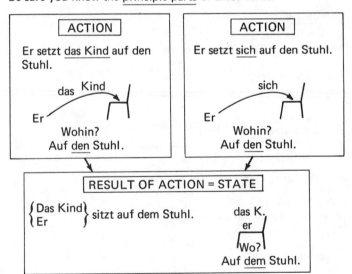

Dative reflexives (including "household" reflexives):

See Analysis
152 (p. 430)

Basic idea: I do something FOR MYSELF (TO MYSELF).

With the "household" reflexives, English uses possessive adjectives.

I am washing [my   hands]

Ich wasche [mir] [die Hände]

B. Programmed Exercises

1. There are two types of reflexive verbs in German,

   _____ and _____.   occasional, mandatory

2. Occasional reflexives are regular transitive verbs that

   use reflexive pronouns as _____ objects.   accusative

3. a. I've hurt him.

   Ich habe _____ verletzt.   ihn

   b. I've hurt myself.

   Ich habe _____ verletzt.   mich

4. An English example of a mandatory reflexive verb is

   _____.   to enjoy oneself

5. Transitional reflexives describe an _____ that action

   leads from one _____ to another.   state

6. The resulting state is expressed with _____   sein

   plus _____. Thus, the state resulting from   participle

   sich erkälten is _____ _____.   erkältet sein

7. *Setzen, stellen,* and *legen* are _____ and   weak
   transitive verbs describing actions. Their reflexive forms
   sich setzen, sich stellen, sich legen (source of confusion!)

   correspond to English _____, _____,   to sit down;
                                                          to place oneself;
   _____.   to lie down

8. The actions of 7 result in the three strong and intransitive

   verbs _____, _____, _____.   sitzen, stehen, liegen

9. What are the German equivalents?
   a. to fall in love with   sich verlieben in
   b. to change clothes   sich umziehen
   c. to get enough sleep   sich ausschlafen
   d. to get excited about   sich aufregen über
   e. to get used to   sich gewöhnen an
   f. to change   sich verändern
   g. to lie down   sich legen
   h. to be bored   sich langweilen
   i. to be interested in   sich interessieren für

j. to remember | sich erinnern an

k. to look forward to | sich freuen <u>auf</u>

l. to be pleased with | sich freuen <u>über</u>

m. to rely on | sich verlassen auf

If you have trouble with these reflexives, make a list, based on pp. 419-425 and 433-434, and memorize them systematically.

10. a. May I introduce myself?

Darf ich _____ vorstellen? | mich

b. I can imagine that.

Das kann ich _____ vorstellen. | mir

11. I have to get my hair cut.

Ich muß _____ _____ Haare schneiden | mir die

_____. | lassen

12. It turned out that he lived in Berlin.

_____, daß er in Berlin lebt. | Es stellte sich heraus

13. a. He is in the coffee business.

Er handelt _____ Kaffee. | mit

b. The novel deals with the war.

Der Roman handelt _____ Krieg. | von dem = vom

c. We are dealing with an important matter.

_____ handelt _____ _____ eine | Es . . . sich um
wichtige Sache.

14. Now we must act.

Jetzt müssen wir _____. | handeln

UNIT 15

A. Grammar in a Nutshell

ADJECTIVES

See Analysis
156 (pp. 460-
463)

<u>Two sets of ENDINGS:</u>   1. STRONG (or PRIMARY)
                          2. WEAK   (or SECONDARY)

<u>Strong endings</u> = endings of *der, die, das.* (See tables on p. 461)

der-words: ALWAYS STRONG ENDINGS:

der   dieser
      jeder
      welcher
      mancher

<u>Weak endings:</u> only two: *-e* and *-en*

For the distribution of these endings, see the table on p. 461

Except for the "*der*-words" (which <u>always</u> take strong endings), ALL ADJECTIVES MAY TAKE EITHER STRONG OR WEAK ENDINGS, depending on the following principle:

GENERAL PRINCIPLE:

There MUST be a strong ending in the first
POSSIBLE place in any adjectival phrase.

(If the only "adjective" is an endingless form like *ein*,
this principle obviously does not hold.)

Study carefully the examples on p. 462 and the two rules on
which they are based (p. 463).

MASTERING ADJECTIVES: While it is easy to comprehend
the German adjective system intellectually, it will take a long
time to master these forms so thoroughly that you can produce
them automatically. The only way to get there is through
constant use. Drill all patterns and exercises of Unit 15 re-
peatedly and thoroughly. Memorize as many sentences as
possible, so that you can produce others by analogy.

B. Programmed Exercises

1. Das Buch soll sehr gut sein.

   The word *gut* is a _____ _____. | predicate adjective

2. Ingelheim schreibt sehr gut.

   Now, the word *gut* is an _____. | adverb

3. In German, adverbs and predicate adjectives usually have

   the same _____, whereas most English adjectives | form

   need to add the ending _____ in order to become | -ly
   adverbs.

4. If an adjective appears in front of a noun, it is called an

   _____ adjective and must take an _____. | attributive, ending

5. German adjectives can have two types of endings, primary

   or _____ and secondary or _____ | strong, weak
   endings.

6. The strong endings are the endings of the _____-words; | der

   thus, for example, the dative masculine singular ending

   must be _____, and the genitive plural ending must | -em

   be _____. | -er

7. *Ein*-words have the same endings as *der*-words, except in

   3 forms: (1) _____, (2) _____, | nom. masc.; nom. neut.;

   (3) _____. | acc. neut.

   In these 3 forms, the *ein*-words have _____ ending. | no

8. There are only two weak endings, _____ and | -e

   _____. | -en

9. Nominative and accusative forms are always alike, except

   in the _____ _____. | masc. sing.

10. If an attributive adjective follows a *der*-word, its ending is
    always (strong? weak?). | weak

11. a. The young man is my brother.

Der _____ Mann ist _____ Bruder.   junge, mein

b. Which young man?

_____ _____ Mann?   Welcher junge

c. This young man.

_____ _____ Mann.   Dieser junge

12. a. I know this young man.

Ich kenne _____ _____ Mann.   diesen jungen

b. I know this young woman.

Ich kenne _____ _____ Frau.   diese junge

c. I know this young girl.

Ich kenne _____ _____ Mädchen.   dieses junge

13. I went to school with this young man (woman, girl).

Ich bin mit _____ _____ Mann zur   diesem jungen
Schule gegangen.

Ich bin mit _____ _____ Frau zur   dieser jungen
Schule gegangen.

Ich bin mit _____ _____ Mädchen zur   diesem jungen
Schule gegangen.

14. Karin is this young man's (woman's, girl's) sister.

Karin ist die Schwester _____ _____   dieses jungen
Mannes.

Karin ist die Schwester _____ _____   dieser jungen
Frau.

Karin ist die Schwester _____ _____   dieses jungen
Mädchens.

15. Do you know these young men?

Kennst du _____ _____ Männer?   diese jungen

16. What is the correct form of *dieser?*

_____ ist mein Freund Erich.   Dies

17. The plural of *jeder Mensch* is _____ _____.   alle Menschen

18. The normal way of expressing *such a* is _____ _____.   so ein

19. a. Die Nacht war dunkel.

Es war eine _____ Nacht. (spelling!)   dunkle

b. Das Haus ist hoch.

Es ist ein _____ Haus. (spelling!)   hohes

20. Following an *ein*-word without an ending, attributive

adjectives must take _____ endings.   strong

21. a. a young man = ein _____ Mann   junger

b. a young girl = ein _____ Mädchen   junges

22. If two or more adjectives follow each other, they take

_____.   the same ending

23. a. This is a good German wine.

Das ist ein _____ _____ Wein.   guter deutscher

b. Good German wine is expensive.

_____ _____ Wein ist teuer.   Guter deutscher

c. This expensive German wine is good.

_____ _____ _____ Wein ist gut.   Dieser teure deutsche

A. Grammar in a Nutshell

See Analysis
162 (pp. 467-
470)

HIN **AND** *HER*

Basic meaning:

Speaker	→ HIN
	← HER

Remember the difference between

WO?   —at what place?   —DA
WOHIN? —to what place?   —DAHIN
WOHER?—from what place?—DAHER

Review Analysis 119-121, pp. 288-291.

Uses:

1. Verbal complements: hinbringen
                          hinfahren
                          herkommen
                          etc.

2. With adverbs: place: hierher
                          dorthin
                          von daher
                          etc.

        time: von { der Schule
                       früher   } her
                       etc.

                 vorher (earlier, beforehand)
                 nachher (later, afterward)
                 vorhin (a little while ago)

3. With *wo:*   Wohin gehst du?
                      Wo gehst du hin?

                      Woher kommst du?
                      Wo kommst du her?

4. With another prefix: usually literal meaning.

literal	nonliteral
hinuntergehen: go down(stairs)	untergehen: vanish
hinausgehen: go out(side)	ausgehen: go out (theater, restaurant, etc.)
herauskommen: come out	auskommen: get along with
hereinholen: bring in(side)	einholen: catch up with

(and many others)

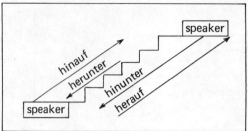

Note the reversal of *hin-* and *her-*, depending on the speaker's position.

5. Prepositional brackets: aus (dem Haus) heraus
auf (den Berg) hinauf
vor (mir) her

B. Programmed Exercises

1. Where are you coming from?

Wo kommen Sie denn _____? | her

2. I am going there, too.

Da gehe ich auch _____. | hin

3. Can you take me there?

Können Sie mich _____? | hinbringen

4. How did <u>you</u> get here?

Wie bist <u>du</u> denn _____ gekommen? | hierher

5. I've known him since kindergarten.

Den kenne ich schon _____ Kindergarten _____. | vom . . . her

6. Erika was here just a little while ago.

Erika war gerade _____ hier. | vorhin

7. Where did they put you up?

Wo hat man euch denn _____? | untergebracht

8. Please bring my things down.

Bitte bring meine Sachen _____. | herunter

9. Can you get along with your income?

Kannst du mit deinem Einkommen _____? | auskommen

10. Erich came out of the house.

Erich kam _____ dem Haus _____. | aus . . . heraus

A. Grammar in a Nutshell

REVIEW OF NEGATION

Review Analysis 34-40, 49, 111, 116, 142-143, pp. 67-72, 98, 260, 262, 398-399.

See Analysis 161 (pp. 466-467)

The introduction of the rhetorical *nicht* in Unit 15 completes the description of all major patterns of negation in German.

<u>Position of *nicht*:</u> Anywhere from the first word to the last word of a sentence, but NOT ARBITRARY.

<u>Front field:</u> Normally only in the pattern with *sondern*.

Nicht am Sonntag, sondern erst am Montag
sind wir . . .

Inner field: At end of sentence only if <u>no</u> second prong.
　　　　　　　Heute kommt Schmidt-Ingelheim leider <u>nicht</u>.

Nicht always precedes second prong.

Heute kann er leider <u>nicht</u> kommen.
Heute ist   er leider <u>nicht</u> gekommen.
Leider ist mein Sohn <u>nicht</u> Arzt.

If *nicht* stands at the end of the sentence or immediately in front of the second prong, it negates the whole sentence. As *nicht* moves farther forward, i.e., to the left, it negates less and less, until (in yes-or-no questions) it becomes only rhetorical with the expectation of an affirmative answer.

Ich war leider gestern <u>nicht</u> im Theater.
Ich war leider <u>nicht</u> gestern im Theater, (sondern vorgestern).
Waren Sie <u>nicht</u> gestern mit Ihrer Frau im Theater?

B. Programmed Exercises

<u>Review exercise on negation</u>. Negate the following sentences.

1. Herr Meyer ist sehr intelligent. — nicht sehr

2. Er war mit Inge gestern abend im Kino.
(Nein, gestern nachmittag!) — nicht gestern abend, sondern gestern nachmittag

3. Er hat lange geschlafen.
(Nein, nur fünf Minuten!) — nicht lange

4. Er hat lange geschlafen.
(Er war drei Tage nicht im Bett.) — lange nicht

5. Das ist ein guter Wein. — kein guter Wein

6. Ein sehr guter Wein ist das. — ist das nicht

7. Haben Sie meinen Freund Meyer besucht? — nicht besucht

8. Haben Sie einen Bruder? — keinen Bruder

9. Haben Sie einen Bruder in Köln?
(Sie haben doch einen Bruder in Köln, nicht wahr?) — nicht einen <u>Bruder</u> (rhetorical)

10. Ich habe <u>ein</u> Buch gelesen. — nicht <u>ein</u> Buch

11. Hast du Ingelheims neuen Roman schon gelesen? — noch nicht gelesen

12. Er wohnt immer noch in Konstanz. — nicht mehr in Konstanz

13. Hans hat mir Blumen zum Geburtstag geschickt. — keine Blumen

14. Ich habe dieses Jahr seinen Geburtstag vergessen. — nicht vergessen

15. Der Schnellzug um 11:53 fährt nach Köln. — nicht nach Köln

16. Meyer wohnt doch jetzt in München.
(Nein, <u>Hueber</u> wohnt in München.) — Nicht Meyer sondern Hueber wohnt in München.

17. Waren Sie vor ein paar Jahren schon einmal in Deutschland?
(Sie waren doch dort, nicht wahr?) — nicht vor ein paar Jahren

UNIT 16

A. Grammar in a Nutshell

See Analysis
163-166
(pp. 495-502)
INFINITIVES

Review the position of infinitives with modals and with
brauchen (Analysis 45, 49, pp. 95, 98).

Remember: All infinitives introduced so far stand in the
second prong.

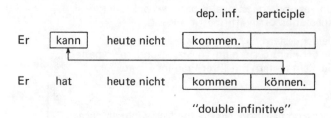

"double infinitive"

In Unit 16, these second-prong infinitives are reviewed and
some new ones introduced. In addition, END-FIELD
INFINITIVES are introduced.

You must distinguish between three types:

1. Second-prong infinitives without *zu*.
2. Second-prong infinitives with   *zu*.
3. End-field infinitives, always with *zu*.

A special section of the Study Guide (see below, p. 70) is de-
voted to the causative *lassen* plus infinitive.

Note carefully: Some of the verbs in the table below use a
participle that looks like the infinitive; you know this structure,
the so-called "double infinitive," from the modals and from
brauchen. It is also used with *hören, sehen,* and *lassen*. All
sentences are given in the perfect, to show the position of dependent infinitive and participle.

(Exception: *scheinen:* no perfect!)

1. Second-prong infinitives without *zu:*

front field	1st prong	inner field	neg.	dep. inf.	participle

a. "Double infinitives"

front field	1st prong	inner field	neg.	dep. inf.	participle
Ich	habe	....	nicht	lesen	können. wollen. sollen. dürfen. müssen. mögen.
Ich	habe	ihn	nicht	kommen	hören. sehen.
Ich	habe	ihn		kommen	lassen.
Ich	habe	das Buch		liegen	lassen.
Ich	habe	es zu Hause			gelassen.

b. "Regular" participles

Ich	habe	. . . .	nicht	fahren kochen schreiben etc.	gelernt.
Ich	bin	. . . .	nicht	stehen sitzen liegen	geblieben.
Ich	bin	. . . .		schwimmen tanzen essen etc.	gegangen.
Ich	bin	. . . .		spazieren	gefahren.

2. Second-prong infinitives with *zu:*

front field	1st prong	inner field	neg.	zu	dep. inf.	participle
Ich	habe	. . . .	nicht	zu	arbeiten lesen kommen etc.	brauchen.
Er	scheint	. . . .	nicht	zu	kommen. schlafen. arbeiten. etc.	————
Ich	habe	nichts		zu	tun lesen etc.	(gehabt).
Er	ist	. . . .	nicht	zu	finden sehen hören etc.	(gewesen).

3. End-field infinitives (always with *zu*):

front field	1st prong	inner field	neg.	participle	inner field or complement of infinitive	infinitive
Ich	habe	. . . .	nicht	angefangen vergessen versprochen versucht	, für ihn	zu arbeiten.
Ich	habe	DAT. OBJ. ihm euch Ihnen Herrn M.		befohlen empfohlen erlaubt geraten verboten	, nach B.	zu fahren.

Note: In the *anfangen* type, the <u>subject</u> of the main clause is also the (suppressed) subject of the infinitive.

Ich	fange an.	Ich	arbeite.
Ich	fange an	zu	arbeiten.

In the *befehlen* type, the <u>dative object</u> of the main clause is the (suppressed) <u>subject</u> of the infinitive.

    Ich   befehle es | ihm. | | Er | arbeitet.

    Ich   befehle   ihm,   zu   arbeiten.

4. <u>Other end-field infinitives:</u>

    a. With predicate adjectives

    Ich   bin . . . . $\left\{\begin{array}{l}\text{erstaunt}\\\text{glücklich}\\\text{froh}\\\text{etc.}\end{array}\right\}$ gewesen, ihn zu sehen.

    b. After anticipatory *da*-compounds (prepositional objects)

    Ich   habe . . . . .   nicht daran gedacht, ihn anzurufen.

    c. Infinitives with *um . . . zu, ohne . . . zu, statt . . . zu*

    Ich   bin . . . . .   nach Rom gefahren, $\left\{\begin{array}{l}\text{um}\\\text{ohne}\\\text{statt}\end{array}\right\}$ . . . zu arbeiten.

See Analysis
164 (pp. 498-500)

5. *lassen* (to cause, to allow):

The following summarizes schematically the uses of *lassen*. Study and memorize the sample sentences carefully.

    a. Subject of dependent infinitive in accusative.

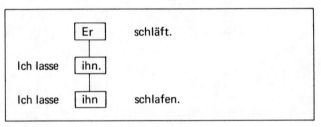

    b. Subject of infinitive in accusative + object of infinitive in accusative.

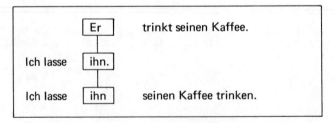

    c. Subject of infinitive suppressed; object of infinitive in accusative.

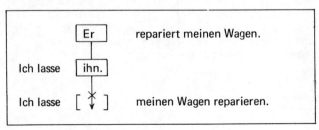

d. Subject of infinitive suppressed; object in accusative
preceded by personal dative.

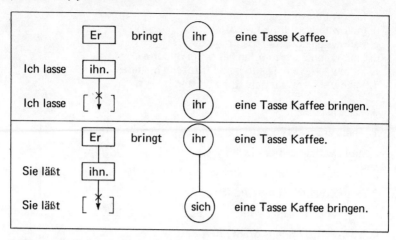

e. Subject of infinitive as *von*-phrase + personal dative +
object in accusative.

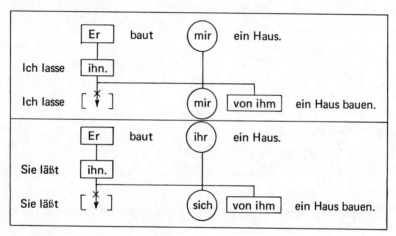

f. Subject as *von*-phrase + accusative object.

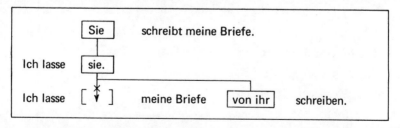

ENGLISH EQUIVALENTS. Go over the English translations of
all *lassen* examples on pp. 498-500. English uses a variety of patterns to express the causative idea of *lassen,* but note the following: You can use *allow* in all those sentences (though the
results are not necessarily good English):

In (a) and (b), you can use the active infinitive.
In (c) and (d), the active infinitive is also possible, as long as
you also use *someone*.

In (e) and (f), only the <u>passive</u> infinitive is possible, even
though German still uses the active infinitive.

a. I allow him <u>to sleep</u>.
b. I allow him <u>to drink</u> his coffee.
c. I allow <u>someone to repair</u> my car.
d. I allow <u>someone to bring</u> her a cup of coffee.
e. I allow -------- a house <u>to be built</u> for me by him.
f. I allow -------- my letters <u>to be written</u> by her.

B. Programmed Exercises

1. There are two types of infinitives in the second prong,

   those with and those without _____.   zu

2. The most frequent category without *zu* are the _____.   modals

3. Er muß heute nach Berlin fahren.

   Er hat heute nach Berlin _____ _____.   fahren müssen

4. This construction is often referred to as _____

   _____, although the modal form is really a   "double infinitive"

   _____.   participle

5. This same construction is also used with the verbs

   _____ and _____, as well as with   hören, sehen

   _____.   lassen

6. a. I hear him come.

      Ich _____ ihn _____.   höre, kommen

      Ich habe ihn _____ _____.   kommen hören

   b. I have let him go.

      Ich habe ihn _____ _____.   gehen lassen

7. Those verbs that do not use the "double infinitive" con-

   struction use the regular _____ for the perfect   participle
   tense.

8. Four such verbs (that can be used with a second-prong

   infinitive) are introduced in Unit 16. They are: _____,   bleiben,

   _____, _____, _____.   gehen, fahren, lernen

9. Whenever these verbs are used in the perfect tense, the par-

   ticiple is preceded by the _____ _____.   dependent infinitive

10. a. We are going to eat now.

       Wir _____ jetzt _____.   gehen, essen

    b. They have gone swimming.

       Sie _____ _____ _____.   sind schwimmen
                                                                          gegangen

    c. The auxiliary in 10b must be _____, because   sind
       the verb *gehen* uses *sein* as an auxiliary.

11. a. You mustn't keep standing here.

    Sie dürfen hier nicht _____ _____.   stehen bleiben

  b. They have gone for a walk.

    Sie sind _____.   spazierengegangen

  c. He has never learned to write.

    Er hat nie _____ _____ . _____.   schreiben gelernt

  d. You ought to learn how to drive.

    Du solltest _____ _____.   fahren lernen

12. Which verbs use an infinitive with *zu*?   brauchen, scheinen, haben, sein

13. *Brauchen* is used mainly to negate _____.   müssen

14. *Scheinen* is unusual, because it cannot form a

    _____ tense if used with a dependent infinitive.   perfect

    In this respect, it resembles the _____ use of   subjective
    modals.

15. a. Can you buy me something to eat?

    Kannst du mir _____ _____ kaufen?   etwas zu essen

  b. I have had nothing to do today.

    Ich habe heute nichts _____ _____.   zu tun gehabt

  c. He is nowhere to be found.

    Er ist nirgends _____.   zu finden

  d. He seemed not to have slept well.

    Er _____ nicht gut _____ _____.   schien; geschlafen zu haben

  e. You don't have to stay at home.

    Du brauchst nicht _____.   zu Hause zu bleiben

  f. He didn't have to work for years.

    Er hat jahrelang nicht _____ _____.   zu arbeiten brauchen

16. The new type of infinitive construction introduced in

    Unit 16 is the _____ infinitive.   end-field

17. There are two major types: those that follow the pattern

    of _____ and those that follow _____.   anfangen, befehlen

18. In the *anfangen* type, the subject of the main clause and

    the subject of the infinitive are _____.   identical

19. In the *befehlen* type, the subject of the infinitive appears

    in the main clause as a _____.   dative object

20. a. I recommended that he stay home.

    Ich habe _____ empfohlen, zu Hause zu bleiben.   ihm

  b. She claimed to have seen him in Africa.

    Sie _____, ihn in Afrika _____ _____.   behauptete; gesehen zu haben

21. I was glad to see her again.

    Ich war froh, sie _____.   wiederzusehen

    The example shows that end-field infinitives are also

    used after certain _____ _____.   predicate adjectives

22. End-field infinitives are also used after anticipatory
    da-compounds. (See Analysis 138, p. 354)

    Ich denke nicht _____, ihn anzurufen.   daran

    Ich hoffe immer noch _____, sie wiederzusehen.   darauf

23. There are two patterns that parallel the infinitive with

    um . . . zu, namely _____ and _____.   ohne . . . zu;
                                                statt . . . zu

24. *Lassen* has two basic meanings, (a) to _____ and   (a) let, leave

    (b) to _____; to leave somebody or something   (b) cause, allow

    (like a place), however, is expressed by _____.   verlassen

25. a. They left Hamburg at 7 o'clock.

    Sie _____ Hamburg um 7 Uhr.   verließen

  b. They left the children at home.

    Sie _____ die Kinder zu Hause.   ließen

  c. He left the books lying on the table.

    Er hat die Bücher auf dem Tisch _____.   liegen lassen

  d. I am having my car washed today.

    Ich _____ heute meinen Wagen waschen.   lasse

  e. We are having a house built.

    Wir _____ _____ ein Haus bauen.   lassen uns

  f. We are having him build us a house.

    Wir lassen _____ _____ _____ ein   uns von ihm
    Haus bauen.

  g. We let him go.

    Wir _____ ihn _____.   lassen, gehen

  h. We have let him go.

    Wir haben ihn _____ _____.   gehen lassen

  i. We must let him go.

    Wir müssen ihn _____ _____.   gehen lassen

  j. We have had to let him go.

    Wir haben ihn _____ _____ _____.   gehen lassen müssen

UNIT 17

A. Grammar in a Nutshell

See Analysis
155-159
(pp. 460-465)
ADJECTIVES

Before you study this section, review the treatment of adjectives
in Unit 15. Then go over the table on p. 75 in the Study Guide,
which is a continuation of the table in Analysis 156 (p. 462).

Remember: In all examples, the first requirement is that slot 1 is filled by a word with a strong ending.

see Analysis		slot 0 no ending	slot 1 STRONG ENDING	slot 2 weak ending	slot 3 noun
23 (p. 43)		ein			Mann
endingless adjectival only: slots 1 and 2 empty					
174 (pp. 531-532)		all	der		Wein
endingless adj. + der-word: der-word in slot 1; slot 2 empty					
174 (pp. 531-532)	mit	all	dem	guten	Wein
endingless adj. + der-word + adjective: weak adjective in slot 2					
156 (pp. 460-462)			guter		Wein
attributive adj. only: in slot 1 with strong ending					
158 (p. 464)			jeder		Mensch
der-word only: always slot 1					
158 (p. 464)			jedem	jungen	Menschen
der-word + adj.: der-word (strong) in slot 1, adj. (weak) in slot 2					
174 (pp. 531-532)			alle meine		Brüder
two der-words: both in slot 1					
156 (p. 463)		ein	der / netter junger	nette junge	Mann
two or more adjectives: same slot (either 2 or 1)					
169 (pp. 527-528)		ein	der / armer Reicher	arme Reiche	(poor rich man)
adjectives used as nouns: treated like adjectives					
170 (p. 529)		ein	die / zerstörtes	zerstörte	Stadt / Städtchen
participles can be used as attributive adjectives					
171 (pp. 529-530)		ein	das / lachendes	lachende	Kind
-d adjectives (present participles) are used as attributive adj.					
156 (p. 461)			diese / diesen	junge / jungen	Frau / Mann
-e and -en can appear in slot 1 (strong) or slot 2 (weak)					
172 (p. 530)			der ⟨ selbe / dem ⟨ selben		Mann / Mann
derselbe: declined as der + selbe, but written as one word (But: im selben)					
173 (pp. 530-531)	mit	(was für)	einem	alten	Wagen
dative after mit; was für has no influence on case of adj. phrase					
177 (pp. 534-535)		(ein paar)	junge / die (paar)	jungen	Leute
after definite article, ein paar becomes paar					

B. Programmed Exercises

1. Which of the following are stems of *der*-words? *viel-,*
   manch-, ander-, dies-, jed-, einig-.   manch-, dies-, jed-

2. Which two *der*-words are often used without an ending?   all-, solch-

3. Instead of *all mein Geld*, you can also say *mein* _____   ganzes
   Geld.

4. all my books = _____ meine Bücher   alle

   or: _____ meine Bücher   all

5. I've waited all day.

   = _____ _____ Tag.   den ganzen

6. nicht schlecht = _____ gut   ganz

7. Adjectives can be used as nouns. Thus:

   der arme Mann = der _____   Arme

   ein armer Mann = ein _____   Armer

8. Es gibt gar nichts Neues.

   The adjective *neues* becomes a _____ noun after   neuter

   nichts; also after _____ and _____.   etwas, viel

9. The only noun indicating nationality that is declined like

   an adjective is _____.   der (die) Deutsche

10. I went to Rome with a German (man).

    Ich fuhr mit _____ _____ nach Rom.   einem Deutschen

11. Vor dem zerstörten Haus lag ein Verwundeter.

    This sentence shows that _____ can also be used   participles
    as attributive adjectives and as nouns.

12. If a participle is used as a noun, it is declined like an

    _____.   adjective

13. English *the same* is expressed by either _____   derselbe (one word!)

    or ___ _____.   der gleiche

14. English *what kind of* is expressed by _____ _____.   was für

15. If *viel* and *wenig* are used without an ending, the adjective

    following must take a _____ ending.   strong

16. lots of German money = viel _____ Geld   deutsches

Now check your control of German adjectives by inserting the
correct forms of the words in parentheses into the blanks.

1. Es waren einige _____ Leute da. (jung)   junge

2. Es muß jemand _____ dort gewesen sein. (ander-)   anders

3. Was machst du mit deinem _____ Geld? (viel)   vielen

4. Was ist das für ein _____ Wagen? (neu)   neuer

5. Du hast etwas _____ vergessen. (wichtig)   Wichtiges

6. Alle _____ Karten sind schon verkauft. (gut)   guten

7. Er hat am _____ Nachmittag auf mich gewartet.   nächsten
   (nächst).

8. _____ Obst ist teuer. (italienisch) | Italienisches
9. Ich wollte, ich hätte einen _____ Wagen. (neu) | neuen
10. Bei diesem _____ Wetter bleibe ich hier. (schlecht) | schlechten
11. Er ist so ein _____ Mensch. (nett) | netter
12. Welcher _____ Mann war es denn? (jung) | junge
13. Wir saßen in einem _____ Zimmer. (dunkel) | dunklen
14. Barbara ist kein _____ Kind mehr. (klein) | kleines
15. Sie ist die Tochter eines _____ Architekten. (bekannt) | bekannten

Reading. „Ein Tisch ist ein Tisch."

The following statements are either true or false (T or F).

1. Der alte Mann redet sehr viel mit seinen Nachbarn. | F
2. Er wohnt in einer kleinen Stadt, ganz am Ende der Straße. | T
3. Seine Kinder besuchen ihn oft in seiner kleinen Wohnung. | F
4. Er ging fast nie spazieren, weil seine Bekannten immer zu ihm kamen. | F
5. Nichts änderte sich in seinem Leben, bis es einen besonderen Tag gab. | T
6. An diesem besonderen Tag lernte er viele französische Wörter. | F
7. Aber nichts war in seinem Leben anders geworden, und er wurde sehr wütend. | T
8. Weil die Franzosen das Bett „li" nennen, nannte er jetzt das Bett Bild. | T
9. Mit der neuen Sprache wurde sein Leben wirklich anders. | T
10. Die neuen Wörter hatte der alte Mann alle in einem blauen Buch gefunden. | F
11. Schließlich verstand er die Menschen nicht mehr, weil er ihre Sprache nicht mehr verstand. | T
12. Am Ende sprach er nur noch mit sich selbst, weil die Leute ihn nicht verstehen konnten. | T

Reading. In the following text, from „Der Wolf und die sieben Geißlein," words have been left out at random, but with increasing frequency. As you read the text, make a list of the missing words; then compare with the original text on p. 313.

Es war einmal ____(1)____ alte Geiß, die hatte sieben ____(2)____, und hatte sie lieb, wie eine Mutter ihre Kinder ____(3)____ hat. Eines Tages wollte sie in den Wald gehen ____(4)____ etwas zu essen holen. Da rief sie alle sieben ____(5)____ Haus und sprach: „Liebe Kinder, ich will in den ____(6)____. Wenn der Wolf kommt, dürft ihr ihn nicht ins ____(7)____ lassen. Wenn er hereinkommt, so frißt er euch alle. ____(8)____ Bösewicht verstellt sich oft, aber an seiner Stimme und ____(9)____ seinen schwarzen Füßen werdet ihr ihn gleich erkennen." Die Geißlein ____(10)____. „Liebe Mutter, du brauchst keine Angst zu haben." Da ____(11)____ die Alte und ging in den Wald.

Es dauerte nicht lange, so klopfte jemand an ____(12)____ Haustür und rief: ,,Macht auf, ihr lieben Kinder, ____(13)____ Mutter ist da und hat jedem von ____(14)____ etwas mitgebracht." Aber die Geißlein hörten an ____(15)____ Stimme, daß es der Wolf war. ,,Wir ____(16)____ nicht auf", riefen sie, ,,du bist ____(17)____ unsere Mutter, die hat eine feine ____(18)____ liebliche Stimme, aber deine Stimme ____(19)____ rauh; du bist der Wolf." Da ____(20)____ der Wolf fort und kaufte ____(21)____ Stück Kreide; die aß er ____(22)____ machte damit seine Stimme ____(23)____. Dann kam er zurück, klopfte ____(24)____ die Haustür und rief: ,,____(25)____ auf, ihr lieben Kinder, ____(26)____ Mutter ist da ____(27)____ hat jedem von ____(28)____ etwas mitgebracht." Aber ____(29)____ Wolf hatte seinen ____(30)____ Fuß in das ____(31)____ gelegt; das sahen ____(32)____ Kinder und riefen: ,,____(33)____ machen nicht ____(34)____, unsere Mutter ____(35)____ keinen schwarzen ____(36)____, wie du; du ____(37)____ der Wolf."

UNIT 18

A. Grammar in a Nutshell

See Analysis
180-182
(pp. 563-567)

THE PASSIVE

Forms:

ACTIONAL: WERDEN + PARTICIPLE
Das Problem wird gelöst.
The problem is (being) solved.

STATAL: SEIN + PARTICIPLE
Das Problem ist gelöst.
The problem is (already) solved.

Actional passive, reflexives, and statal forms:

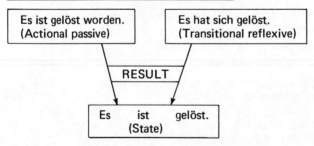

Note: Statal forms can be the result of either an actional passive or a transitional reflexive. (There are, however, not many verbs that occur in the complete pattern.)

Active or passive?

Provided that a verb can form a passive, the choice of active vs. passive depends on the TOPIC about which a STATEMENT is to be made. The topic can be either the "agent" or the "patient."

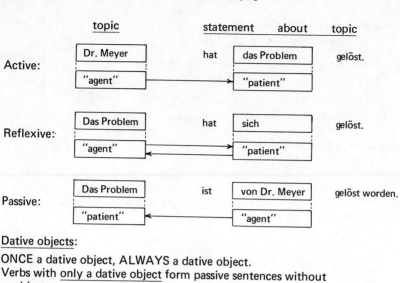

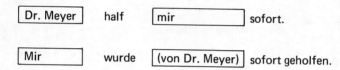

Dative objects:

ONCE a dative object, ALWAYS a dative object.
Verbs with <u>only a dative object</u> form passive sentences without
a subject.

| Dr. Meyer | half | mir | sofort. |

| Mir | wurde | (von Dr. Meyer) | sofort geholfen. |

Other subject-less sentences:

Sentences that express "activity as such."

    Hier wird getanzt.

    Bei uns wird gearbeitet.

von, durch, mit:

The subject of the active sentence appears as a prepositional
phrase in the passive sentence (if it is mentioned at all).

von: personal agent

          Der Dieb wurde <u>von Polizist Schmidt</u> gesucht.

mit: personal means

          Der Dieb wurde <u>mit Polizeihunden</u> gesucht.

durch: impersonal means or causes

          Der Dieb wurde <u>durch das Radio</u> gesucht.

B. Programmed Exercises

1. Wann soll der Film denn gezeigt _____?   werden

2. Er _____ doch schon gezeigt worden.   ist

3. Bei uns soll er auch schon gezeigt _____ _____.   worden sein

4. Wir konnten das Haus nicht mehr kaufen, denn es _____   war
   schon verkauft.

5. Wir konnten ihm nicht helfen.

       _____ war nicht zu helfen.   Ihm

6. Hier _____ jeden Samstag abend getanzt.   wird

7. Du bist bei Schmidts eingeladen? Ich wollte, ich _____ | wäre
   auch eingeladen.

8. Es _____ gebeten, nicht zu rauchen. | wird

9. Es wurde _____ gesagt, ich sollte um 10 Uhr | mir
   hier sein.

10. Das Betreten des Hauses _____ verboten. | ist

A. Grammar in a Nutshell

See Analysis
185 (pp. 567-
570)

THE IMPERSONAL *ES*

1. *Es* as a filler.

   To fill the front field if there is only one element in addition
   to first and second prong.

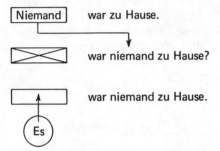

   Note: Theoretically, *es* can be used in this function in any
   assertion, even if there are a number of inner field elements;
   and it is occasionally so used.

2. *Es* as subject of impersonal verbs.

   Es regnet.
   Es geht mir gut.
   Es ist zehn Uhr.
   Es gibt hier kein Hotel.
   etc.

This *es* does NOT disappear if it is moved out of the front field.

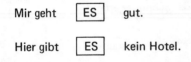

3. The anticipating *es*.

   | Das | ist ganz unwahrscheinlich.

   Was?

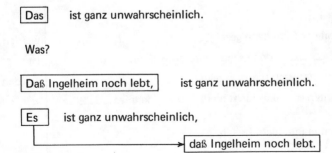

B. Programmed Exercises

In the following examples, determine whether or not the blanks should be filled by *es*.

1. Es gab jeden Abend Roastbeef.

   Jeden Abend gab _____ Roastbeef.   es

2. Es ist möglich, daß er noch hier ist.

   Möglich ist _____ natürlich, daß er noch hier ist.   es

   Daß er noch hier ist, ist _____ möglich.   x

3. Ich hoffe, daß _____ morgen nicht regnet.   es

4. Es sind sehr viele Leute hier heute abend.

   Heute abend sind _____ sehr viele Leute hier.   x

5. So spät ist _____ doch noch gar nicht.   es

6. Mir geht _____ heute gar nicht gut.   es

7. Jetzt werden _____ wieder Häuser gebaut.   x

8. Leider ist _____ verboten, hier zu rauchen.   es

   Das Rauchen ist _____ leider verboten.   x

A. Grammar in a Nutshell

PRE-NOUN INSERTS

See Analysis 187 (pp. 571-573)

Pre-noun inserts are often recognizable because a *der*-word is followed by a word that cannot normally follow a *der*-word; for example:

Alle could only be followed by *die* or an adjective or a noun; therefore the following construction points to a pre-noun insert.

Alle an . . .
Alle an dem . . .
Alle an dem von . . .

You must go on until you find either a noun that fits or an adjective (or declined participle) plus noun that could follow *alle.*

Alle an dem von Professor B. vorgeschlagenen Projekt
interessierten Studenten wurden gebeten, . . .

All students
interested in the project
proposed by Professor B.
were requested to . . .

LABORATORY EXERCISES

UNIT 1

1.1 Listen and repeat (Patterns, groups 1-5). After each sentence there will be a pause for you to repeat the sentence. You will then hear the sentence again. When you first listen to these sentences, keep your manual open and follow the text. Then listen to them again with your book closed until you no longer have any difficulty saying each sentence with the speaker's intonation and at normal speed. Follow this procedure with all "listen-and-repeat" exercises.

[1] Ich wohne hier.   Ich bin   Hans Schmidt.
     Du trinkst Bier.   Du bist   zu Hause.
     Er geht   nach Berlin.   Er ist   Lehrer.
     Sie kommt heute.   Sie ist   Ärztin.
     Es regnet.   Es ist   kalt.
     Wir lernen Deutsch.   Wir sind   in Köln.
     Ihr studiert Medizin.   Ihr seid   in München.
     Sie bleiben zu Hause.   Sie sind   hier.

[2] Er wohnt hier.
     Sie kommt schon.
     Sie trinken.
     Es regnet.

[3] Das ist Erika Müller.   Das ist Fritz Müller.
     Erika ist heute zu Hause.   Fritz ist auch zu Hause.
     Sie trinkt Kaffee.   Er liest die Zeitung.

[4] Das ist Milch.   Der Mann trinkt Bier.
              Wein.   Sie lernt Deutsch.
              Bier.
              Tee.
     Das Wetter ist gut.   Das Wetter ist schlecht.
     Es ist warm (heiβ).   Es ist kalt.

[5] Hans kommt.
     Erika ist hier.

1.2 Listen and repeat (Patterns, groups 6-7).

[6] Fritz und Erika Müller wohnen in Köln.
     Herr Meyer bleibt heute zu Hause.
     Peter studiert Deutsch und Psychologie.
     Erika studiert Medizin.

[7] Wie heiβen Sie, bitte?
     —Ich heiβe Müller.
     Wie heiβt du denn?
     —Ich heiβe Erika.
     Was ist das?
     —Das ist Kaffee.
     Wer ist das denn?
     —Das ist Fritz Müller.

     Wo wohnt er denn?
     —Er wohnt in Köln.

     Wann kommt er denn nach Hause?
     —Um eins.
     —Um ein Uhr.
     Wann kommt sie denn nach Hause?
     —Um zwei.
     —Um zwei Uhr.

[handwritten top margin]
1) Er kommt
2) Sie lernt
3) Deutsch
3) Das ist Milch

[handwritten] Ist er Arztin? Sie rühren Sie?

1.3 Dictation.

1.4 Listen and repeat (Patterns, groups 8-10).

[8] Ist Hans heute zu Hause?   Ja, er ist heute zu Hause.
    Ist er   heute zu Hause?   (Nein, er ist morgen zu Hause.)

    Wohnt Peter in Hamburg?   Ja, er wohnt in Hamburg.
    Wohnt er   in Hamburg?   (Nein, er wohnt in Berlin.)

    Ist Inge Ärztin?   Ja, sie ist Ärztin.
    Ist sie Ärztin?   (Nein, sie ist Lehrerin.)

    Lernt Anna jetzt Deutsch?   Ja, sie lernt jetzt Deutsch.
    Lernt sie   jetzt Deutsch?   (Nein, sie lernt jetzt Englisch.)

    Ist das Wetter gut?   Ja, das Wetter ist gut.
                                     (Nein, das Wetter ist schlecht.)

    Ist es heute warm?   Ja, es ist heute warm.
                                     (Nein, es ist heute kalt.)

    Sind Hans und Inge hier?   Ja, sie sind hier.
    Sind sie hier?   (Nein, sie sind zu Hause.)

    Kommen Peter und Anna heute?   Ja, um ein Uhr.
    Kommen sie heute?   (Nein, morgen.)
                                     Ja, sie kommen heute.
                                     (Nein, sie kommen morgen.)

[9] In this section, you will hear not only the questions printed in the book, but also
    the answers expected of you.

    Sie studieren Psychologie, Fräulein Müller?
    [handwritten] Ja, ich studiere Psych.

    Ihr arbeitet heute?
    [handwritten] Ja, wir arbeiten heute. Nein, wir bleiben zu Hause.

    Du trinkst Kaffee?
    [handwritten] Ja, ich trinke Kaffee. Nein, ich trinke Milch.

    Erika ist heute in Stuttgart?
    [handwritten] Ja, sie ist heute in ". Nein, sie ist heute in München

    Erika ist heute in Stuttgart?
    [handwritten] Ja, ... Nein, sie ist morgen in Stuttgart

    Erika ist heute in Stuttgart?
    [handwritten] Ja, Erika ist heute in Stuttgart. Nein, Hans ist ....

[10] Ja.   Nein.
     Ja?   Nein?

     Danke.   Heute abend.
     Bitte.   Morgen abend?

     Nach Köln?   Kaffee.
     In Frankfurt.   Tee?
     Zu Hause.   Wein.

1.5 Dictation.

[handwritten bottom margin]
1) Wo ist er?
2) Er ist zu Hause.
3) Wir gehen heute ins Kino.
4) Wir arbeiten in München.
5) Übrigens studiert er Medizin.
6) Gehst du allein nach Deutschland?
7) (Was studiert...?) Hier in Köln

1.6 You will hear six sentences. In the first pause after each sentence, repeat the sentence. You will then hear the sentence again. In the second pause, switch word order by starting your own sentence with the last unit of the sentence you hear. You will then hear the sentence with the new word order.

> You hear: Wir arbeiten heute.
> You say: Wir arbeiten heute.
> You hear again: Wir arbeiten heute.
> You say: Heute arbeiten wir.
> You hear: Heute arbeiten wir.

1.7 You will now hear yes-or-no questions. In the pauses, give AFFIRMATIVE answers. After the pause, you will hear the answers that were expected of you. In the answers, substitute pronouns for personal names.

> You hear: Ist Herr Lenz in Köln?
> You say: Ja, er ist in Köln.

1.8 Now we want to find out whether you can form that yes-or-no question to which the statement you hear is the answer. For instance, the statement *Ja, es regnet* is the answer to the question *Regnet es?*, and it is this question which you are to form.

> You hear: Ja, es regnet.
> You say: Regnet es?
> You then hear: Regnet es?—Ja, es regnet.

1.9 You will hear ten short sentences. Change each assertion to a question by changing intonation. Do not change word order.

> You hear: Meyer ist intelligent.
> You say: Meyer ist intelligent?

1.10 Listen and repeat (Conversations). You will hear the conversation of Unit 1. At first, it will be spoken in its entirety, but rather slowly. Thereafter, each sentence will be spoken separately. Repeat each sentence. You will then hear the whole section again, but at normal speed.

> A: Guten Morgen, Fritz.
> B: Guten Morgen, Dieter. Wie geht's?
> A: Danke, gut.
>
> C: Guten Tag, Herr Schulz. Wie geht's Ihnen denn?
> D: Danke, gut. Und Ihnen, Fräulein Braun?
> C: Danke, auch gut.
>
> E: Auf Wiedersehen, Peter. Bis morgen.
> F: Wiedersehen, Fritz. Mach's gut.
>
> G: Entschuldigung! Sind Sie Herr Dr. Klein?
> H: Ja,—und Sie sind Fritz Müller, nicht wahr?
>
> I: Bitte, wie heißen Sie?
> J: Ich heiße Müller, Erika Müller.
>
> K: Wie ist denn das Wetter heute?
> L: Schlecht. Es regnet schon wieder.
>
> M: Wohnen Sie hier in Frankfurt?
> N: Ja, ich wohne hier. Fichardstraße 23.

UNIT 2

2.1 Listen and repeat (Patterns, groups 1-2).

[1] Die Milch	ist	hier.
Hier	ist	die Milch.
Hans	geht	heute ins Kino.
Heute	geht	Hans ins Kino.
Erika	kommt	um ein Uhr nach Hause.
Um ein Uhr	kommt	Erika nach Hause.
Fritz Müller	wohnt	jetzt in Köln.
Jetzt	wohnt	Fritz Müller in Köln.

[2] Herr Meyer hat zwei Büros, ein Büro in Köln, und ein Büro in Bonn.
Schmidts haben zwei Kinder. Der Sohn heißt Peter, und die Tochter heißt Sylvia.
Meyers haben zwei Söhne. Sie heißen Paul und Gerhardt.
Paul ist ein Junge. Paul und Gerhardt sind Jungen.
Müllers haben zwei Töchter.—Wie heißen sie denn?—Sie heißen Andrea und Ingrid.
Andrea ist ein Mädchen. Andrea und Ingrid sind Mädchen.
Wir bleiben zwei Jahre in Deutschland.
Wir bleiben zwei Tage in Berlin.
Sind Herr Schmidt und Herr Müller schon hier?—Ja, Herr Doktor, die Herren
sind schon hier.
Der Mann arbeitet in München. Die Männer arbeiten alle in München.
Frau Meyer und Frau Schmidt sind zu Hause. Die zwei Frauen bleiben heute
zu Hause.

2.2 You will hear eight sentences with a noun in the singular. Change these nouns to the plural and
make corresponding changes in the verb forms.

*[handwritten: 1) Die Büros sind . . . (Das)
2) Die Kinder sind . . . (Das)
3) Die Männer arbeiten . . . (Der)
4) Die Frauen bleiben (Die)
5) Sind die Herren schon hier (die)
6) haben zwei Söhne (der)
7) eine Tochter, Töchter (die)
8) zwei Jahre.]*

2.3 Listen and repeat (Patterns, groups 3-5).

[3] Wohin fahren die Leute?
Wohin fährt der Zug?
Ich fahre nach Köln.
Fährst du auch nach Köln?
Fahrt ihr nach Hamburg?
Nein, wir fahren nach Bremen.

Ich laufe jeden Morgen eine Stunde.
Warum läufst du denn so schnell?
Er läuft die 100 m (hundert Meter) in neun Sekunden.
Das Wetter ist so gut; wir laufen heute in die Stadt.
Fahrt ihr oder lauft ihr?
Wir starten in zwei Minuten; die Motoren laufen schon.

Was ißt du?—Ich esse Brot und Käse.
Und was trinkst du?—Milch.
Wann eßt ihr heute?—Wir essen um zwölf.

Herr und Frau Anders sind zu Hause und lesen. Herr Anders liest ein Buch, und
Frau Anders liest die Zeitung.
Frau Anders fragt: „Was liest du denn?" Herr Anders antwortet: „Ich lese
Gruppenbild mit Dame."
Was lest ihr denn jetzt in der Schule? *[handwritten: school?]*
Wir lesen *Deutschstunde* von Siegfried Lenz.

[4] Margret Baum und Kurt Schmitz studieren Medizin; sie sind Medizinstudenten.
　　Margret wird Ärztin. Kurt wird Arzt.

Willi Baumgärtner ist Lehrling bei Braun und Co.; er wird Automechaniker.
Die Lehrlinge bei Braun und Co. werden alle Automechaniker.
Ursula Nagel wird Laborantin.
Und was wirst du, Lilo?—Ich werde Lehrerin.

Wie wird das Wetter morgen?
　　Heute ist das Wetter schlecht; es ist kalt und es regnet. Morgen wird es aber
　　bestimmt gut; morgen scheint sicher die Sonne.

Wie alt ist Rudi?—Rudi wird morgen fünf Jahre alt.—Er wird morgen fünf.

[5] Wer ist das?
　　Wissen Sie, wer das ist?
　　Nein, das weiß ich nicht.
　　Das ist Fritz Müller. Kennen Sie Fritz?
　　Nein, ich kenne Fritz nicht; ich weiß nicht, wer er ist.

Ich weiß, wer du bist.
Weißt du, wer ich bin?
Er weiß, wer wir sind.

2.4 Dictation.

2.5 Listen and repeat (Patterns, groups 7-9).

[7] Wer fragt wen?
　　Was fragt die Frau den Mann?
　　Was fragt der Mann die Frau?

　　Was fragt der Junge das Mädchen?
　　Was fragt das Mädchen den Jungen?

Sehen Sie den Wagen?
Ja, der Wagen ist da drüben.
Seht ihr die Straßenbahn?
Ja, die Straßenbahn ist hier.
Siehst du das Motorrad?
Ja, das Motorrad ist da drüben.
Seht ihr die Fahrräder?
Ja, die Fahrräder sind da drüben.
Wo ist der Wagen? Sehen Sie ihn?
Ja, er ist da drüben.
Wo ist die Straßenbahn? Sehen Sie sie?
Ja, sie ist hier.
Wo ist das Motorrad? Sehen Sie es?
Ja, es ist hier.
Wo sind die Fahrräder? Sehen Sie sie?
Ja, sie sind da drüben.

[8] Ich brauche einen Löffel.
　　Hier ist ein Löffel.
　　Ich brauche ein Messer.
　　Hier ist ein Messer.
　　Ich brauche eine Gabel.
　　Hier ist eine Gabel.

Haben Sie Kinder?
Ich habe einen Sohn.　　　　Ich habe eine Tochter.　　　　Ich habe ein Kind.

Wen siehst du?
Ich sehe einen Herrn.　　　　Ich sehe eine Dame.　　　　Ich sehe ein Mädchen.
Ich sehe Herrn Nagel.　　　　Ich sehe Frau Engel.　　　　Ich sehe Fräulein Hahn.

Was liest er?
Er liest einen Roman.   Er liest eine Zeitung.   Er liest ein Buch.

Was lest ihr?
Wir lesen Romane.   Wir lesen Zeitungen.   Wir lesen Bücher.

Was ist das?
Das ist ein Roman.   Das ist eine Zeitung.   Das ist ein Buch.
Das sind Romane.   Das sind Zeitungen.   Das sind Bücher.

[9] Das ist mein Mann.   Das ist meine Frau.   Das ist mein Kind.
Ist das dein Sohn?   Ist das deine Tochter?   Ist das dein Kind?
Peter ist sein Sohn.   Gabriele ist seine Tochter.   Das ist sein Kind.
Peter ist ihr Sohn.   Gabriele ist ihre Tochter.   Das ist ihr Kind.

Das ist unser Sohn.   Das ist unsere Tochter.   Das ist unser Kind.
Ist das euer Sohn?   Ist das eure Tochter?   Ist das euer Kind?
Ihr Sohn heißt Peter.   Ihre Tochter heißt   Das ist ihr Kind.
                             Gabriele.

Ist das Ihr Sohn, Herr   Ist das Ihre Tochter,   Ist das Ihr Kind, Herr
Klein?   Herr Klein?   Klein?

Meine Söhne wohnen in Lübeck.
Wo wohnen denn deine Töchter jetzt?
Seine Freundinnen wohnen jetzt alle in Wien.
Ihre Freundinnen wohnen auch alle in Wien.

Unsere Kinder wohnen in Mannheim.
Wo wohnen denn eure Kinder jetzt?
Jetzt wohnen ihre Kinder in Salzburg.
Wo wohnen Ihre Freunde denn jetzt, Herr Lehmann?

Ich nehme meinen Wagen, und ihr nehmt euren Wagen.
Du nimmst deinen Wagen, und wir nehmen unseren Wagen.
Er nimmt seinen Wagen und sie nehmen ihren Wagen.

Kennst du meine Tochter?
Ich kenne deine Tochter nicht.
Erika kennt seine Tochter.
Hans kennt ihre Tochter.
Kennst du unsere Tochter?
Natürlich kenne ich eure Tochter.
Wir kennen ihre Tochter nicht.

Ich lese mein Buch, und du liest dein Buch.
Du liest dein Buch, und er liest sein Buch.
Er liest sein Buch, und sie liest ihr Buch.
Sie liest ihr Buch, und wir lesen unsere Bücher.
Wir lesen unsere Bücher, und ihr lest eure Bücher.
Ihr lest eure Bücher, und sie lesen ihre Bücher.

Ich kaufe meine Bücher in Frankfurt.
Wo kaufst du deine Bücher?
Er kauft seine Bücher bei Brentano.
Sie kauft ihre Bücher auch bei Brentano.
Wir kaufen unsere Bücher in Bonn.
Wo kauft ihr eure Bücher?
Sie kaufen ihre Bücher in Deutschland.

2.6 Dictation.

1) Ich brauche dich nicht.
2) Ich kenne ihn nicht.
3) Sie ist jetzt seine Frau.
4) Ich weiß es.
5) Ich weiß nicht, wer er ist.
6) Wo sind denn eure Kinder? (Sie)
7) Unsere Kinder sind zu Hause.
8) Er hat zwei Söhne und drei Töchter.

2.7 You will now hear the first conversation. At first it will be spoken in its entirety. Thereafter, each sentence will be spoken separately and slowly. Repeat each sentence during the pause that follows.

I

SCHMIDT (answering the telephone):
Alfred Schmidt!

MEYER: Hier Meyer. Guten Morgen, Herr Schmidt! Also, Sie sind noch in Hamburg! Wie ist denn das Wetter in Hamburg?

SCHMIDT: Hier in Hamburg regnet es, schon seit Sonntag. Und kalt ist es auch.

MEYER: Hier in Köln regnet es auch! Kommen Sie heute zurück?

SCHMIDT: Nein, heute noch nicht! Aber morgen! Morgen um elf bin ich im Büro.

MEYER: Gut, also dann bis morgen!

2.8 Now you will hear the second conversation. It will be read twice at normal conversational speed. You are not expected to repeat it, but listen carefully to the natural flow of the language.

II

HELMUT: Tag, Jochen.
JOACHIM: Tag, Helmut. Wie geht's dir denn?
H: Danke, mir geht's immer gut, und dir?
J: Auch gut. Aber sag mal, man sieht dich ja nie mehr. Wohnst du nicht mehr in der Bettinastraße?
H: Nein, ich wohne jetzt im Ostend. Ich habe einen neuen Job.
J: Wirklich, was denn für'n Job?
H: Bei Siemens. In der Datenverarbeitung. Als Programmierer.
J: Computer, das ist ja dein Hobby. Hobby als Job, das ist gut.
H: Na ja, ich habe schließlich Mathematik studiert.—Und du, was machst du?
J: Ich bin immer noch bei Schöninghausen und verkaufe Hi-Fi's. Meine Spezialität sind jetzt Kassettenrecorder.
H: Aha, also auch Hobby als Job.—Hast du Zeit für ein Bier?
J: O.K.

2.9 Reading: Mitteleuropa. Now listen to the Reading selection of Unit 2; you will hear it twice: first rather slowly, and then at normal speed.

Mitteleuropa

Mitteleuropa ist das Gebiet „in der Mitte von Europa", aber „Mitteleuropa" ist nicht identisch mit „Deutschland". Es gibt heute kein Land mehr, das Deutschland heißt. Es gibt zwei Staaten, die das Wort „deutsch" in ihrem Namen haben, die Bundesrepublik Deutschland (BRD) und die Deutsche Demokratische Republik (DDR). Aber nicht nur in der BRD und in der DDR spricht man Deutsch; die Republik Österreich ist ein deutschsprachiges Land, und drei Viertel der Menschen in der Schweiz sprechen Deutsch.

Diese vier Länder sind ungefähr das, was wir Mitteleuropa nennen. Aber dieses Mitteleuropa ist keine politische Einheit: die Bundesrepublik gehört zum Westen, zur Europäischen Gemeinschaft (EG); die DDR gehört zum sozialistischen „Ostblock", und Österreich und die Schweiz sind politisch neutral. „Mitteleuropa" ist eher ein kulturelles Konzept; seine historische Tradition basiert auf der Sprache, die alle Mitteleuropäer sprechen: der deutschen Sprache. Wenn also Mitteleuropa, so wie wir es definieren, mit irgendetwas identisch ist, dann ist es identisch mit dem deutschen Sprachraum.

UNIT 3

3.1 Listen and repeat (Patterns, group 1).

[1] Es	regnet.			
Die Sonne	scheint.			
Karl	kommt	heute abend.		
Heute abend	kommt	Karl.		
Herr Anders	liest	einen Roman.		
Heute	ist	das Wetter	sehr schlecht.	
Leider	ist	die Milch	sauer.	
Der Kaffee	ist		zu süß.	
Herr von Creglingen	ist	schon	sehr alt.	
Adelheid	ist	noch	sehr jung.	
Ursula	ist	jetzt	Lehrerin.	
Margret	wird		Ärztin.	
Dieser Roman	wird	bestimmt	ein Erfolg.	
Mein Freund	heißt		Stein.	
Herr Dr. Wagner	ist	heute leider	in Stuttgart.	
Heute abend	bin	ich bestimmt	zu Hause.	
Ernst	kommt	heute um zwölf	nach Hause.	
Meine Freundin	geht	heute abend bestimmt	ins Kino.	
Frau Lüders	trinkt		Kaffee.	
Gudrun	studiert	jetzt in Hamburg	Psychologie.	
Er	wohnt	jetzt	in Berlin.	
Hoffentlich	lernt	Otto jetzt	fahren.	
Er	lernt	jetzt doch	fahren.	
Jetzt	lernt	er doch	fahren.	
Der Zug	fährt	um 6 Uhr 5	ab.	
Wann	fährt	der Zug denn	ab?	
	Fährt	der Zug jetzt	ab?	
Das Bier	ist	wirklich	gut	hier in München.
Wir	schalten	jetzt	um	nach Hamburg.

3.2 Dictation.

3.3 The sentences you will now hear all contain a compound verb and therefore, at the end of the sentence, a second prong. After hearing each sentence, repeat it by exchanging the unit in the front field with the <u>first</u> unit in the inner field. You will then hear the sentence as it was expected of you.

> You hear: Jetzt mache ich das Licht an.
> You say: Ich mache jetzt das Licht an.

3.4 Listen and repeat (Patterns, groups 2 and 3).

[2] Das ist Wein.	Das ist kein Wein.
Ich trinke Wein.	Ich trinke keinen Wein.
Du trinkst Milch.	Du trinkst keine Milch.
Er ißt Käse.	Er ißt keinen Käse.
Sie ißt Brötchen.	Sie ißt keine Brötchen.
Haben Sie einen Sohn?	Nein, wir haben keinen Sohn.
Hat er eine Tochter?	Nein, er hat keine Tochter.
Hat sie ein Kind?	Nein, sie hat kein Kind.

[3]	Regnet es?	Nein, es regnet	nicht.	
	Liebst du ihn?	Nein, ich liebe ihn	nicht.	
	Hast du mein	Nein, ich habe dein Buch	nicht.	
	Buch?	Nein, ich habe es	nicht.	
	Ist die Milch	Nein, die Milch ist	nicht	sauer.
	sauer?	Nein, sie ist	nicht	sauer.
	Ist Ihr Mann Arzt?	Nein, mein Mann ist	nicht	Arzt.
	Wohnen Sie in	Nein, ich wohne	nicht	in Nürnberg.
	Nürnberg?			
	Fährt der Zug ab?	Nein, der Zug fährt	nicht	ab.
		Nein, er fährt	nicht	ab.
	Geht Ihr heute	Nein, wir gehen heute	nicht	schwimmen.
	schwimmen?			

3.5 You will now hear eight questions. Starting with *nein,* give a negative answer to each question. In your answer put the main syntactical stress on the first prong.

    You hear: Hast du einen Hund?
    You say: Nein, ich habe keinen Hund.

3.6 Listen and repeat (Patterns, group 4).

[4]	Regnet es schon?	Nein, es regnet noch nicht.
	Regnet es noch?	Nein, es regnet nicht mehr.
	Ist er schon hier?	Nein, er ist noch nicht hier.
	Ist er noch hier?	Nein, er ist nicht mehr hier.
	Ist er immer noch hier?	
	Ist er noch immer hier?	
	Ist er noch Student?	Nein, er ist kein Student mehr.
	Ist er schon Arzt?	Nein, er ist noch nicht Arzt.
		noch kein Arzt.
	Haben wir schon Milch?	Nein, wir haben noch keine Milch.
	Haben wir noch Milch?	Nein, wir haben keine Milch mehr.
	Trinken Sie noch ein Bier?	Nein danke, ich trinke jetzt kein Bier mehr.

3.7 You will now hear fifteen affirmative sentences. Negate these sentences by using *nicht* without shifting the position of any of the syntactical units.

    You hear: Erikas Vater ist gesund.
    You say: Erikas Vater ist nicht gesund.

3.8 Listen and repeat (Patterns, groups 5-9).

    [5] Die Firma Braun braucht mehr Lehrlinge.
        Auto-Braun hat mehr Mechaniker als Auto-Müller.

        Er arbeitet mehr als ich.
        Er weiß mehr, als er sagt.
        Er hat mehr Geld, als er braucht.
        Ich habe nur zehn Mark; ich habe leider nicht mehr.
        Das kostet nicht mehr als fünf Mark.
        Ich habe nicht mehr Geld als du.

    [6] Ich kenne hier auch nicht einen Menschen.
        Meyers haben fünf Töchter, aber auch nicht einen Sohn.

    [7] Wohnen Sie in Köln?
        Sie wohnen doch in Köln, nicht wahr?
        Sie wohnen doch in Köln, nicht?

[8] Fahren Sie heute nach Düsseldorf?   Nein, ich fahre erst morgen.
Fahren Sie nicht nach Düsseldorf?   Doch, natürlich fahre ich nach
Düsseldorf.

Trinken Sie Kaffee, Frau Schmidt?   Nein, ich trinke keinen Kaffee.
Trinken Sie keinen Kaffee?   Doch, natürlich trinke ich Kaffee.

Haben Meyers schon Kinder?   Ja, einen Sohn und eine Tochter.
Haben Meyers noch keine Kinder?   Doch, einen Sohn und eine Tochter.

Gehst du heute abend ins Kino?   Ja, mit Inge.
Gehst du heute abend nicht ins Kino?   Doch, aber nicht wieder mit Inge.

[9] Dieses Jahr bleiben wir zu Hause.
Aber nächstes Jahr fahren wir nach Deutschland.
Nächstes Jahr fahren wir aber nach Deutschland.

Meyer geht ins Büro, aber er arbeitet nicht.
Ich gehe jetzt schlafen, denn ich bin sehr müde.

Ißt du Wurst, oder ißt du Käse?
Ißt du Wurst oder Käse?
Ich esse den Käse, und du ißt die Wurst.
Er ißt Käse und Wurst, und er trinkt eine Flasche Bier.
Meyer geht ins Büro und arbeitet.

3.9 Listen and repeat (Conversation I). You will first hear the conversation at normal speed. Then it will be spoken again with pauses for you to repeat each sentence.

3.10 Listen and repeat (Conversation II). Again, you will first hear the conversation at normal speed. When you hear it again, repeat only the sentences spoken by John Ray.

3.11 Reading: Schweinefleisch. You will hear the Reading selection read once, and rather slowly. Try to read the text aloud, along with the speakers.

UNIT 4

4.1 Listen and repeat (Patterns, groups 1-6).

[1] Ich kann heute kommen.   Ich kann heute nicht kommen.
Kannst du heute kommen?   Kannst du heute nicht kommen?
Hans kann heute kommen.   Hans kann heute nicht kommen.
Wir können heute kommen.   Wir können heute nicht kommen.
Könnt ihr heute kommen?   Könnt ihr heute nicht kommen?
Schmidts können heute kommen.   Schmidts können heute nicht kommen.

Können Sie Deutsch, Ms. Jones?—Ja, ich kann Deutsch; ich kann auch Französisch.

Kann John auch Deutsch?— Nein, er kann leider kein Deutsch; aber ich weiß, er kann Spanisch und Italienisch.

Emily Jones kann Deutsch sehr gut verstehen; sie kann Deutsch lesen und sprechen, aber sie kann es nicht sehr gut schreiben.

[2] Ich muß arbeiten.
Ich brauche nicht zu arbeiten.

Du mußt kommen.
Du brauchst nicht zu kommen.

Er muß morgen nach Wien fahren.
Er braucht morgen nicht nach Wien zu fahren.

Wir müssen morgen leider arbeiten.
Wir brauchen morgen nicht zu arbeiten.

Ihr müßt Tante Amalie besuchen.
Ihr braucht sie nicht zu besuchen.

Sie müssen morgen alle früh aufstehen.
Morgen brauchen Sie nicht früh aufzustehen.

Warum wollen Sie denn bei dem Regen nach Hamburg fahren?—Ich muß!

Sie sagen, Sie arbeiten auch sonntags? Das brauchen Sie aber nicht.
Sie arbeiten heute? Müssen Sie das?

[3] Ich will jetzt schlafen.
Willst du jetzt essen?
Sie will immer schwimmen gehen.
Wir wollen heute abend einen Freund besuchen.
Warum wollt ihr denn die Straßenbahn nehmen?
Sie wollen vier Wochen verreisen.

Ich will noch nicht schlafen.
Willst du noch nicht essen?
Sie will heute nicht schwimmen gehen.
Wir wollen ihn heute abend nicht besuchen.
Warum wollt ihr nicht mit dem Bus fahren?
Sie wollen nicht mehr so viel verreisen.

[4] Ich soll heute abend zu Hause bleiben.
Aber Hans! Du sollst doch keinen Kaffee trinken.
Sie soll sonntags nicht mehr arbeiten.
Was sollen wir denn tun?
Warum sollt ihr ihn denn schon wieder besuchen?
Herr Meyer, Sie sollen morgen nach Hannover fahren.

[5] Ich möchte jetzt nichts essen; ich möchte schlafen.
Möchtest du Frau Meyer kennenlernen?
Er möchte Augenarzt werden.
Sie möchte nächstes Jahr heiraten.
Wir möchten Sonntag mal in die Berge fahren.
Wann möchtet ihr denn heiraten?
Alle Menschen möchten glücklich werden.
Ich möchte eine Tasse Kaffee trinken.
Möchten Sie auch eine Tasse Kaffee?

[6] Ich darf ihn nicht besuchen.
Ich darf ihn noch nicht besuchen.
Ich darf ihn nicht mehr besuchen.

Darfst du Kaffee trinken?
Darf er jetzt wieder Kaffee trinken?

Hier darf man nicht baden.
Das darfst du aber nicht tun, Rudi.

Dürfen wir euch morgen besuchen?
Dürft ihr uns besuchen?

In Deutschland dürfen die Geschäfte sonntags nichts verkaufen.

4.2 You will hear ten sentences followed by the infinitive of a modal. Restate these sentences, using the proper form of the modal.

You hear: Ich gehe nach Hause. (müssen)
You say: Ich muß nach Hause gehen.

4.3 Listen and repeat (Patterns, group 7).

[7]	Ich	möchte	das Buch			lesen.
	Ich	möchte	das Buch	nicht		lesen.
	Ich	darf	Kaffee			trinken.
	Ich	darf	keinen Kaffee			trinken.
	Morgen	kann	sie ihren Mann	noch nicht		besuchen.
	Wir	dürfen	sonntags	nicht mehr		arbeiten.
	Er	scheint	jetzt			zu schlafen.
	Er	scheint	jetzt	nicht		zu schlafen.
	Er	kann		nicht mehr		schlafen.
	Er	scheint		noch nicht		zu schlafen.
	Warum	brauchst	du morgen	nicht		zu arbeiten?
	Das	muß			seine Frau	sein.
	Das	kann	doch	nicht	seine Frau	sein.
	Das	scheint			seine Frau	zu sein.
	Erika	möchte	heute abend	nicht	zu Hause	bleiben.
	Ich	möchte	sie wirklich		kennen-	lernen.
	Meyer	muß	heute		nach Bonn	fahren.
	Er	braucht	heute	nicht	nach Bonn	zu fahren.

4.4 You will hear fifteen affirmative sentences or questions. Negate them by using either *kein* or *nicht*.

> You hear: Er scheint Geld zu haben.
> You say: Er scheint kein Geld zu haben.
>
> You hear: Er scheint gesund zu sein.
> You say: Er scheint nicht gesund zu sein.

4.5 Listen and repeat (Patterns, groups 8-9).

> [8] Du fährst morgen nach Italien? Ich kann nicht nach Italien fahren.
>   Hast du Geld? Ich habe kein Geld.
>   Trinken Meyers Kaffee?—Sie ja, aber er nicht.
>   Ist er intelligent oder interessant?—Intelligent ist er, aber interessant ist er nicht.
>   Ich höre, dein Bruder studiert Psychologie. Was studierst du?—Ich studiere Medizin.
>   Kennen Sie Fritz Enders, Frau Hollmann?—Nein, seine Mutter kenne ich gut, aber
>   ihn kenne ich nicht.
>   Warum gehst du nie mit Inge ins Kino? Sie ist doch so intelligent.—Ja, intelligent
>   ist sie.
>
> [9] Das ist Wasser. Das ist kein Wasser. Wasser ist das nicht.
>   Wir trinken Wein. Wir trinken keinen Wein. Wein trinken wir nicht.
>   Meyers haben einen Sohn. Meyers haben keinen Sohn. Einen Sohn haben Meyers
>   nicht.
>   Wir gehen ins Kino. Nein, wir gehen nicht ins Kino. Ins Kino gehen wir nicht.
>   Er ist intelligent. Er ist nicht intelligent. Intelligent ist er nicht.
>   Du fährst morgen nach München? Nein, ich fahre morgen nicht nach München.
>   Nein, nach München fahre ich morgen nicht.

4.6 You will hear ten affirmative sentences with only one strongly stressed syllable. By shifting
    the element with this strongly stressed syllable into the front field and using a stressed *nicht*
    for negation, pronounce these sentences with contrast intonation.

> You hear: Sie hat Geld.
> You say: Geld hat sie nicht.

4.7 You will now hear ten negative statements with contrast intonation. In each case, the subject follows the inflected verb. Repeat the negative statement, but start your sentence with the subject.

>   You hear: Ein Dummkopf ist Meyer nicht.
>   You say: Meyer ist kein Dummkopf.

4.8 Listen and repeat (Patterns, group 10).

>   [10] Arbeiten Sie nicht soviel!
>   Bleiben Sie doch hier!
>   Kommen Sie doch morgen!
>   Lernen Sie Deutsch!
>   Sagen Sie doch etwas!
>   Tun Sie das doch bitte nicht!
>   Machen Sie bitte das Licht an!
>   Kaufen Sie doch einen Volkswagen!
>   Schlafen Sie gut!
>   Lassen Sie mich in Ruhe!
>   Seien Sie nicht so egoistisch!

4.9 Listen and repeat (Conversation I). First, you will hear the conversation spoken at normal speed. Then it will be spoken again with pauses for you to repeat each sentence. Finally, you will hear the conversation again, this time at a somewhat slower speed. Try to read along with the speakers.

4.10 Reading. Franz Mon: der tisch ist oval.

UNIT 5

5.1 Listen and repeat (Patterns, groups 2-5).

>   [2] Die Verkäuferin zeigt dem Kunden einen Photoapparat.
>   Ich möchte meinem Sohn eine Kamera zum Geburtstag schenken.
>   Geben Sie Ihrem Sohn doch eine Filmkamera.
>   Nein, zum Geburtstag habe ich ihm einen Photoapparat versprochen.
>   Eine Filmkamera will ich ihm zu Weihnachten kaufen.
>   Darf ich Ihnen diese 35 mm-Kamera anbieten?—Ein Bestseller, und gar nicht
>   teuer.
>   Diesen Apparat empfehle ich vielen Kunden.
>
>   Ich kann Ihnen den Apparat leihen, Herr Schulte,—zum Ausprobieren.
>   Sie können ihn mir morgen zurückbringen.
>   Ja, geben Sie mir die Kamera bis morgen. Vielen Dank.
>   Ich wünsche Ihnen viel Erfolg beim Fotografieren.

>   [3] Bitte, was bekommen Sie?
>   Ich suche einen Roman von Schmidt-Ingelheim.
>   Haben Sie den *Flamingo*?
>   Den Roman kenne ich leider nicht. Ist er neu?
>   Ja, ganz neu. Meine Frau liest ihn gerade.
>   Brauchen Sie das Buch sofort, Herr Doktor Müller?
>   Ja, ich möchte es gern gleich mitnehmen.
>   Ich will mal sehen; vielleicht finde ich es doch.
>   Sie haben Glück, Herr Doktor. Hier ist es.
>   Und bezahlen Sie das Buch dann bitte dort an der Kasse.

[4] Ich weiß, er hilft mir gern. Aber wie kann ich ihm danken?
     Ich weiß, sie hilft mir gern. Aber wie kann ich ihr danken?
     Wir helfen ihnen immer, aber sie danken uns nie.

     Natürlich könnt ihr mich fragen! Aber ich brauche euch nicht zu antworten!
     Natürlich können Sie mich fragen! Aber ich brauche Ihnen nicht zu antworten!

[5] Das ist mein Wagen.—Der gehört mir.   Das sind meine Zeitungen.—Die gehören
                                                            mir.
     Das ist sein Auto.—Das gehört ihm.   Das sind eure Häuser?—Die gehören euch?
     Das ist unsere Zeitung.—Die gehört uns.   Das sind Ihre Blumen.—Die gehören Ihnen.

     Das Haus gehört dem Vater.—Das Haus gehört meinem Vater.—Das Haus gehört ihm.—
        Es ist sein Haus.—Das ist sein Haus.
     Der Wagen gehört der Tante.—Er gehört meiner Tante.—Er gehört ihr.— Es ist ihr
        Wagen.—Das ist ihr Wagen.
     Die Bücher gehören den Kindern.—Sie gehören unseren Kindern.—Sie gehören
        ihnen.—Es sind ihre Bücher.—Das sind ihre Bücher.

5.2 Restate the following assertions and questions by using the verb *gehören*.

       You hear: Das ist dein Wagen.
       You say: Er gehört dir.

5.3 Listen and repeat (Patterns, groups 6-9).

[6] Guten Tag, Herr Schmidt. Wie geht es Ihnen?
     Danke, es geht mir gut.

     Guten Tag, Edgar, Wie geht's dir denn?
     Danke, es geht mir gut.
        Danke, mir geht's gut.
        Danke, gut.
     Und dir?

     Meyer? Dem geht's immer gut.

     Mir geht's heute sehr schlecht. Ich habe Kopfschmerzen.

     Wie geht's denn deinem Großvater?
     Danke, ganz gut.
     Und deiner Großmutter?
     Nicht schlecht.

[7] Ist Ihnen das recht, Frau Meyer?
     Natürlich ist mir das recht.
     Ist das Ihrem Mann recht, Frau Meyer?
     Natürlich ist ihm das recht.

     Das ist neu.
     Das ist mir neu.

     Die Uhr ist teuer.
     Die Uhr ist zu teuer.
     Die Uhr ist mir zu teuer.

     Das dauert uns zu lange.

[8] Wir müssen   durch   die Stadt fahren.
     Herr Lenz arbeitet für   meinen Vater.
     Hast du etwas   gegen   mich?
     Ich muß   ohne   ihn fahren.
     Ich kann   ohne   dich nicht leben.

Ich komme	um	sechs Uhr.
Ich wohne gleich hier	um	die Ecke.
Die Erde kreist nicht	um	den Mond;
der Mond kreist	um	die Erde.
Fahren Sie hier	um	den Dom und dann die erste Straße rechts.

[9] Woher kommst du?

Aus dem Kino!
Aus der Stadt!

Wir sind alle hier

außer meinem Vater.
außer ihm.
außer Ihnen, Herr Lenz.

Hans ist heute

bei seinem Vater.
bei seiner Mutter.
bei uns.

Mit wem gehst du ins Kino?

Mit Frau Hoffmann!
Mit ihr!
Mit der?

Wann wollt ihr denn nach Bonn?   Nach diesem Wochenende.

Er fährt

nach Österreich.
nach Hause.
nach Amerika.

Ich komme heute sehr spät nach Hause.—Wann?—Um neun.
Wie spät ist es jetzt?—Zehn nach sechs.

Seit wann bist du denn hier?

Seit einer Stunde!
Seit drei Wochen!
Seit einem Jahr!

Von wem hast du das Buch?

Von meinem Bruder!
Von meiner Tante!
Ich habe es von meinem Vater!

Wohin gehst du?

Zu meinem Vater!
Zu ihm!
Zur Universität!
Zu meiner Tante!
Zum Essen!

5.4 Dictation.

5.5 Listen and repeat (Patterns, group 10).

[10] Ich gebe meiner Frau eine Uhr.
Ich gebe ihr eine Uhr.
Ich gebe die Uhr meiner Frau.
Ich gebe sie meiner Frau.
Ich gebe ihr die Uhr.
Ich gebe sie ihr.

Was willst du denn deiner Mutter schicken?
Ich glaube, ich schicke ihr Blumen.
Was willst du denn mit diesen Blumen hier machen?
Die schicke ich meiner Mutter.
Ich glaube, ich schicke sie meiner Mutter.
Ich glaube, ich schicke diese Blumen meiner Mutter.
Bringst du sie ihr?—Nein, ich schicke sie ihr.

[Handwritten notes:]

1) Ich gehe ins Kino.
2) Ich gehe heute abend ins Kino.
3) Ich gehe heute abend mit ihr ins Kino.
4) Herr Meyer kommt nach Hause.
5) Herr Meyer kommt heute abend nach Hause.
6) Herr Meyer kommt heute abend sehr spät nach Hause.
7) Hans kauft eine Kamera.
8) Hans will eine Kamera kaufen.
9) Hans will seine Freundin eine Kamera kaufen.
10) Hans will seine Freundin zum Geburtstag eine Kamera kaufen.

Fritz möchte seiner Freundin ein Buch schicken.
Was will Fritz seiner Freundin schicken?
Ein Buch!
Er will ihr ein Buch schicken!
Wem will Fritz das Buch schicken?
Seiner Freundin!
Er will das Buch seiner Freundin schicken.
Er will es seiner Freundin schicken.

Warum will Fritz seiner Freundin denn ein Buch schicken?
Warum will er seiner Freundin denn ein Buch schicken?
Warum will er ihr denn ein Buch schicken?
Willst du das Buch deiner Freundin schicken?
Willst du es deiner Freundin schicken?
Willst du es ihr schicken?

Willst du deiner Freundin ein Buch schicken?
Willst du ihr ein Buch schicken?
Nein, ich will ihr Geld schicken.
Wann willst du ihr das Geld denn schicken?
Wann willst du es ihr denn schicken?

5.6 Listen and repeat (Conversations I and II).

5.7 Reading. You will hear the poem by Horst Bienek, "Klatsch am Sonntagmorgen," read twice, and then "Noch einmal Mitteleuropa," read only once.

UNIT 6

6.1 Listen and repeat (Patterns, groups 1-2).

[1]	Er	hat	lange		in Berlin	gewohnt.
	Wir	haben	ihn leider	nicht		gekannt.
	Wo	hast	du ihn		kennen-	gelernt?
	Ich	habe	Tante Amalie			besucht.
	Karl	hat	in Berlin		Medizin	studiert.
	Wir	haben	sie leider	nicht		gesehen.
	Was	habt	ihr denn			getrunken?
	Wir	haben	schon		zu Mittag	gegessen.
		Haben	Sie mich	nicht		verstanden?
	Ich	habe	gestern			arbeiten müssen.
	Ich	habe	gestern	nicht		zu arbeiten brauchen.
	Er	hat	gestern	nicht	zu Hause	bleiben wollen.
	Ich	habe	leider	nicht		mitgehen können.
	Er	hat	es	nicht		tun wollen.
	Er	hat	es	nicht		gewollt.
	Sie	sind	schnell		nach Hause	geeilt.
	Er	ist	mir			gefolgt.
	Wir	sind	damals oft		nach Italien	gereist.
	Sie	ist	gestern			verreist.
		Ist	Hans schon			gekommen?
	Der Zug	ist	gerade		an-	gekommen.
	Warum	seid	ihr denn	nicht	zu Hause	geblieben?
	Inge	ist	schon oft		hier	gewesen.
	Er	ist	erst um elf		auf-	gestanden.
		Ist	Hans jetzt endlich			erschienen?
	Dann	ist	er plötzlich			verschwunden.

[2]. Ich habe Frau Enderle letztes Jahr in Stuttgart kennengelernt.
Vor drei Wochen habe ich ihr von Wien aus einen Brief geschrieben.
Sie hat mich zu einem Besuch in Burgbach eingeladen.
Gestern habe ich sie und ihre Familie besucht.
Ich habe den Nachtzug von Wien nach Stuttgart genommen.
Dann bin ich gestern morgen mit dem Personenzug nach Burgbach gefahren.
Frau Enderle hat mich mit dem Wagen am Bahnhof abgeholt.
Auf dem Weg zu ihrem Haus haben wir eingekauft.
Das Haus haben Enderles erst vor vier Jahren gebaut.
Vorher haben sie zwölf Jahre lang bei den Eltern von Herrn Enderle gewohnt.
Frau Enderle hat mir das Haus gezeigt, und ich habe ihren Garten bewundert.
Dann habe ich ihr in der Küche geholfen.
Um ein Uhr sind die Kinder aus der Schule gekommen, und wir haben zu
 Mittag gegessen.
Nach dem Mittagessen haben wir lange im Wohnzimmer gesessen und haben
 geplaudert.
Die Kinder sind schwimmen gegangen.
Um halb fünf haben wir eine Tasse Kaffee getrunken und ein Stück Kuchen
 gegessen.
Herr Enderle ist erst um viertel nach sechs nach Hause gekommen, und um
 dreiviertel sieben haben wir zu Abend gegessen.
Nach dem Abendessen sind wir spazierengegangen.
Auf einem Hügel über dem Dorf haben wir lange auf einer Bank gesessen, und
 Herr und Frau Enderle haben mir viel über das Leben in Burgbach erzählt.

6.2 You will hear short sentences in the present tense. Repeat these sentences in the perfect
tense.

X redo

You hear: Ich lese.
You say: Ich habe gelesen.

6.3 Listen and repeat (Patterns, groups 3-5).

[3] Wann kommt Karl denn?—Morgen früh.
Wann gehst du ins Theater?—Heute abend.

Wann fahrt ihr denn in den Schwarzwald?—Nächsten Sonntag.
Wann sehe ich dich wieder?—In drei Wochen.

Frau Enderle habe ich vor einem Jahr in Stuttgart kennengelernt.
Meyer ist gestern nach München gefahren.
Wann fährt denn der Zug nach Bonn?—Der Zug ist schon vor zehn Minuten
 abgefahren.

[4] Wie oft müssen Sie denn nach Wien fliegen, Herr Jürgens?—Dreimal im Monat.
Fliegen Sie auch manchmal nach Amerika?—Nein, nie.
Essen Sie oft Sauerkraut, Frau Enderle?—Nein, nur sehr selten.
Meyers wohnen jetzt auch hier in München, aber sie besuchen uns nie.
Wie heißt denn der Film?—Er heißt *Sonntags nie.*
Wie oft seid ihr denn in den Ferien schwimmen gegangen?—Leider nur zweimal.
Wie oft seid ihr denn diesen Sommer schon schwimmen gegangen?— Mindestens
 schon zehnmal.—Leider erst zweimal.
Sind Sie schon einmal in Paris gewesen?—Nein, noch nicht.
Ich bin auch noch nie in Rom gewesen.
So, Sie haben zehn Jahre in Europa gelebt. Sind Sie auch einmal in Paris gewesen?—
 Ja, sehr oft.
Haben Sie in Deutschland je Leberknödelsuppe gegessen?—In München sehr
 oft, aber in Hamburg nie.
Fritz studiert jetzt Mathematik? Aber er hat doch immer Arzt werden wollen.
Natürlich studiert Brigitte Medizin; sie hat doch schon immer Ärztin werden wollen.

[5] Ich habe zehn Jahre in Bern gewohnt.
Müller hat jahrelang bei Mercedes-Benz gearbeitet.
Diesen Sommer hat es wochenlang geregnet.
Wir haben lange im Garten auf einer Bank gesessen.
An dem Abend habe ich noch lange wach gelegen.
Tante Amalie bleibt sicher noch lange hier.—Ja, sie hat gesagt, sie will drei Wochen
hierbleiben.
Wie lange bleibt Ihr Mann denn in Bremen, Frau König?—Drei Wochen.
Er ist krank gewesen, und der Arzt hat ihm gesagt, er darf vier Wochen lang nicht
schilaufen.
Schmitz wohnt schon drei Jahre in Düsseldorf.
Ich warte seit fünf Uhr auf meinen Mann, aber das Flugzeug hat Verspätung, und
er ist immer noch nicht hier.
Jetzt stehe ich schon über eine Stunde hier, und Hans ist immer noch nicht
gekommen.
So gut habe ich schon lange nicht gegessen, Frau Enderle.
Gut, daß du endlich hier bist; ich habe seit zwei Stunden auf dich gewartet.
Vielen Dank für die Kamera, Vater; du weißt ja, die habe ich mir schon lange
gewünscht.

6.4 You will again hear short sentences in the present tense. Repeat these sentences in the perfect
tense.

You hear: Ich lese.
You say: Ich habe gelesen.

6.5 Listen and repeat (Patterns, group 6). You will not hear the entire Pattern section, but only
those parts that are printed below.

[6] Wieviel Uhr ist es?	Es ist zehn Uhr dreizehn.
Wie spät ist es?	Es ist zehn Uhr dreizehn.
Wann kommt der Zug an?	Um sechs Uhr siebzehn.
Um wieviel Uhr kommt der Zug an?	Um sechs Uhr siebzehn.
Wann fährt der Zug ab?	Um sieben Uhr sechzehn.
Um wieviel Uhr fährt der Zug ab?	Um sieben Uhr sechzehn.
Wann fängt das Theater an?	Um acht Uhr fünfzehn.

Ich brauche zweihunderteinundvierzig Mark.
In unserer Stadt wohnen jetzt über dreihunderttausend Menschen.
Unsere Bibliothek hat drei Millionen Mark gekostet.

0,7   null komma sieben
0,17   null komma siebzehn (null komma eins sieben)
3,14159   drei komma eins vier eins fünf neun

758   75,8   7,58   2,718282   232.493,00   232,493

DM	4,20	vier Mark zwanzig (West)—4,20 M vier Mark zwanzig (Ost)
öS	121,00	hunderteinundzwanzig Schilling
sFr	100,21	hundert Franken einundzwanzig
DM	0,75	fünfundsiebzig Pfennig
$	1.477,00	vierzehnhundertsiebenundsiebzig Dollar
		eintausendvierhundertsiebenundsiebzig Dollar
$	18,37	achtzehn Dollar siebenunddreißig

6.6 Dictation.

6.7 Conversations I, II, and III.

6.8 Reading.

>   Maße, Gewichte und das Dezimalsystem.
>   Nummernschilder und das deutsche Alphabet.
>   Peter Otto Chotjewitz: Reisen.

UNIT 7

7.1 Listen and repeat (Patterns, groups 1-4).

>   [1]   Ich lebte damals noch zu Hause und studierte in Stuttgart.
>   Meine Frau wohnte seit 1958 in Hamburg und studierte dort an der Universität.
>   In den Sommerferien arbeitete sie an der Ostee, in einem Sportgeschäft in
>   Travemünde.
>   Dort lernte ich sie kennen.
>   Jede Woche kaufte ich mindestens ein Paar Tennisschuhe.
>   Ich glaube sie wußte, daß ich die Tennisschuhe nicht kaufte, weil ich sie brauchte.
>   Aber sie sagte nichts; sie lachte nur.
>   Eines Tages brachte ich ihr eine Rose.
>   Ich dachte immer an sie.
>   Im Winter besuchte sie mich in Burgbach.
>   Wir heirateten ein Jahr später.
>
>   [2]   Konntest du nicht ein bißchen früher nach Hause kommen?
>   Ich wollte ja schon um zwei Uhr zu Hause sein.
>   Aber ich mußte noch einen Bericht schreiben. Der sollte schon gestern fertig
>   sein und durfte auf keinen Fall bis morgen liegen bleiben.
>   Wir mußten sogar über die Mittagszeit im Büro bleiben, denn wir wollten um
>   fünf Uhr fertig sein.
>   Konntet ihr denn wenigstens im Büro etwas zu essen kriegen?
>   Aber natürlich. Wir haben Wurst- und Käsebrote gegessen.
>
>   [3]   Ich fahre heute nach Berchtesgaden; gestern hatte ich keine Zeit.
>   Warum hattest du denn keine Zeit?
>   Herr Lenz hatte auch keine Zeit. Wir hatten alle zu viel zu tun.
>   Was, ihr hattet keine Zeit?
>   Sie hatten alle zu viel zu tun.
>   Hatten Sie gestern auch so viel zu tun, Herr Lohmann?
>
>   [4]   Herr Lenz ist heute in Saarbrücken.—Gestern war er in Trier.
>   Wo warst du gestern, Inge?—Ich war in Frankfurt.
>   Ist Fritz heute auch hier?—Nein, er war gestern hier; heute ist er in Frankfurt.
>   Wir waren gestern auch in Frankfurt.—Wo wart ihr gestern?
>   Wo waren Sie denn, Herr Lenz?
>   Ich war gestern krank und bin zu Hause geblieben.

7.2 Dictation.

7.3 You will now hear sentences in the present tense. Change these sentences to the past tense
and add *damals.*

>   You hear: Es regnet sehr oft.
>   You say: Es regnete damals sehr oft.

7.4 Listen and repeat (Patterns, group 5).

>   [5]   Es begann 1959 in Travemünde.
>   Er kam jeden Tag ins Sportgeschäft.
>   Zuerst fand ich ihn einfach sehr nett.

Dann gefiel er mir immer besser.
Ich bekam Herzklopfen, wenn ich ihn sah.
Er schien Student zu sein, aber ich wußte zuerst nicht, wie er hieß.
Er sprach mit einem Akzent—Schwäbisch, fand ich später heraus—, und seine
    Stimme klang sehr sympathisch.
An einem Samstag bat er mich, mit ihm auszugehen.
In einem Fischlokal saß er mir gegenüber.
Wir aßen Flundern und tranken Moselwein, und er sprach von Burgbach und von
    seiner Familie.
Er lud mich ein, ihn dort zu besuchen.
Wir blieben beide bis Ende September in Travemünde.
Dann ging ich nach Hamburg zurück und er fuhr nach Hause.
Ich versprach, ihm oft zu schreiben.
Er schrieb mir jede Woche einen Brief und rief mich auch manchmal an.
Weihnachten sah ich ihn wieder.
Später wurde er Ingenieur, und ich wurde Studienrätin.

7.5 You will again hear sentences in the present tense. Change to the past tense and add *damals*.

You hear: Sie bleiben zu Hause.
You say: Sie blieben damals zu Hause.

7.6 Listen and repeat (Patterns, groups 6-7).

[6]   Als ich ihn kennenlernte, war er gerade aus Hamburg gekommen.
       Wir wußten nicht, daß er Arzt geworden war.
       Er war zwei Jahre lang in Berlin gewesen, bevor er nach Stuttgart zurückkam.
       Ich hatte Hunger, denn ich hatte lange nichts gegessen.
       Er war den ganzen Tag müde, denn er hatte schlecht geschlafen.

[7]   Inge fuhr nach Salzburg, um ins Theater zu gehen.
       Er fuhr nach Rom, um dort einen Roman zu schreiben.
       Sie ging ins Theater, um *Hamlet* zu sehen.
       Er studiert Englisch, um Shakespeare lesen zu können.
       Herr Lenz ging in die Stadt, um seiner Frau ein Buch zu kaufen.

7.7 Listen and repeat (Patterns, group 8).

Beim Kölner Karneval

Es regnet.

An der Ecke, beim Wirtshaus „Zum Löwen'', steht ein Wagen.

Bei dem Wagen steht mein Freund Fridolin Pechhammer mit seiner Freundin Brunhilde.

Er scheint traurig zu sein.

Wo kommen die beiden her? Aus dem Kino? Aus der Kirche? Aus dem Wirtshaus?

Ich gehe zu ihnen und sage „Guten Tag'' und ich sage zu meinem Freund: „Frido,
    was ist mit dir los? Geht es dir nicht gut? Bist du krank?''

Aber Fridolin antwortet mir nicht. Er schüttelt nur den Kopf.

„Frido'', sage ich, „ was kann ich für euch tun? Kann ich euch helfen?''

„Nein'', sagt er, „ja,—doch, vielleicht. Das Auto ist nämlich kaputt; es läuft nicht mehr.''

„Sei mir nicht böse, Frido, aber das glaube ich dir nicht. Ich glaube, du hast zu viel
    getrunken. Ihr kommt doch gerade aus dem Wirtshaus.''

„Na ja'', sagt Frido, „wir sitzen seit dem Mittagessen hier im Löwen und trinken Bier.
    Bei dem Wetter kann man doch sonst nichts machen. Und jetzt kommen wir gerade
    aus dem Löwen und wollen mit dem Wagen nach Hause fahren und . . .''

„Und was, Frido?"

„Pechhammer", sagt er.

„Natürlich", sage ich, „ich weiß, wie du heißt."

„Nein", sagt er, „mit dem Wagen hammer Pech. Und dabei ist es nicht einmal mein Wagen. Der gehört meinem Bruder. Aber der Schlüssel funktioniert nicht. Hier, willste mal sehen?"

Jetzt verstehe ich: „Pech haben wir." Und Frido gibt mir den Schlüssel, und ich muß lachen.

„Natürlich kannst du mit dem Schlüssel den Wagen nicht starten. Das ist doch dein Hausschlüssel."

„Ja so was", sagt Frido, und schüttelt wieder den Kopf. Brunhilde kichert.

„Frido, mein Freund, am besten fahrt ihr mit mir nach Hause zum Abendessen. Bratwurst, Sauerkraut und Kartoffelpüree. Wie klingt das?"

„Das klingt gut", sagt Brunhilde. „Natürlich kommen wir. Und für den Fridolin hast du doch sicher einen sauren Hering."

„O.K.", sagt Fridolin, „du fährst mit deinem Auto voraus, und ich folge dir mit meinem Auto."

„Nein, Frido, du folgst mir nicht, sonst folgt uns nämlich bald die Polizei. Ihr fahrt beide mit mir; ich habe Platz für uns alle."

7.8 Conversations I-IV.

7.9 Reading: Familiengeschichten.

UNIT 8

8.1 Listen and repeat (Patterns, groups 1-4).

[1]		Er	kommt heute erst spät nach Hause.
	Ich glaube,	er	kommt heute erst spät nach Hause.
	Ich glaube,	daß	er	heute erst spät nach Hause kommt.
	Ich glaube nicht,	daß	er	heute erst spät nach Hause kommt.

Hat Frau Enderle den Brief schon bekommen?
Meinst du,   Frau Enderle hat den Brief schon bekommen?

Meinst du,   daß   Frau Enderle   den Brief schon bekommen hat?
Meinst du nicht,   daß   Frau Enderle   den Brief schon bekommen hat?

[2] Ich weiß, daß er Geld hat.
Ich weiß, daß er Geld hatte.
Ich weiß, daß er Geld gehabt hat.

Ich weiß nicht, ob Fritz mit dem Auto zum Bahnhof   fährt.
Ich wußte, daß er immer mit dem Auto zur Arbeit   fuhr.
Ich glaube nicht, daß er mit dem Auto zum Bahnhof   gefahren ist.

Ich möchte, daß du morgen vernünftig   bist.
Ich hoffe, daß du gestern vernünftig   warst.
Ich weiß, daß du immer vernünftig   gewesen bist.

Wissen Sie, ob Meyers hier   wohnen?
Wir wußten, daß Meyers da   wohnten.
Wie soll ich wissen, wo Meyers   gewohnt haben?

Weiß er, daß er dir helfen   soll?
Er wußte, daß er mir helfen   sollte.

[3]   Ich war müde. Ich ging ins Bett.
      Ich ging ins Bett, weil ich müde war.
      Weil ich müde war, ging ich ins Bett.

      Wenn er kommt, gehen wir sofort.
      Wir gehen sofort, wenn er kommt.
      Wenn er bis sieben Uhr nicht hier ist, dann gehen wir ohne ihn.

      Er fuhr, als er die Stadt erreichte, sofort zu seinem Bruder.

      In Köln, wo seine Mutter damals noch lebte, blieb er nicht lange.

[4]   Als ich meinen Mann kennenlernte, waren wir noch Studenten.

      Bevor Frau Enderle nach Burgbach kam, hatte sie lange in Berlin gelebt.

      Wir saßen im Wohnzimmer und plauderten, bis Herr Enderle aus Stuttgart
          zurückkam.

      Da das Haus zu klein für uns alle geworden war, bin ich vor drei Jahren mit
          meiner Familie ausgezogen.

      Nachdem er weggegangen war, schrieb er mir jede Woche einen Brief.

      Obwohl mein Betrieb in Stuttgart ist, sind wir doch in Burgbach geblieben.

      Meine Schwester kommt nur noch selten nach Hause, seit sie geheiratet hat.

      Während die Kinder schwimmen gingen, saßen wir im Garten.

      Wir rannten den ganzen Weg ins Dorf hinunter, weil wir nicht zu spät zum Essen
          kommen wollten.

      Wenn wir gegessen haben, gehen wir ins Wohnzimmer und sehen fern.

      Daß ihr noch zwei Tage hierbleiben wollt, ist großartig.

      Es ist großartig, daß ihr noch zwei Tage hierbleiben wollt.

      Ich wußte nicht, daß ihr noch zwei Tage bleiben wollt.

      Daß ihr noch zwei Tage bleiben wollt, habe ich nicht gewußt.

8.2 You will hear ten statements. Repeat these Statements by starting them with *Ich weiß, daß*. . . .

      You hear: Er bleibt heute abend zu Hause.
      You say: Ich weiß, daß er heute abend zu Hause bleibt.

8.3 Listen and repeat (Patterns, group 5).

[5]   Denkt er noch an dich?
      Ich möchte wissen, ob er noch an dich denkt.

      Ruft er sie denn immer noch jede Woche an?
      Sie wollte mir nicht sagen, ob er sie immer noch jede Woche anruft.

      Möchtest du denn lieber hierbleiben, Fritz?
      Ich habe Fritz gefragt, ob er lieber hierbleiben möchte.

      Wer ist das denn?
      Weißt du, wer das ist?

      Wen haben Sie denn in der Stadt getroffen?
      Können Sie mir bitte sagen, wen Sie in der Stadt getroffen haben?

      Wie heißen Sie denn?
      Darf ich Sie fragen, wie Sie heißen?

8.4 You will hear eight questions. Repeat these questions by starting them with *Weißt du, . . .* and by leaving out *denn*.

        You hear: Wo ist er denn?
        You say: Weißt du, wo er ist?

8.5 Listen and repeat (Patterns, group 6).

      [6]   Wenn ich kann, komme ich.
            Ich fahre nach Zürich, wenn du auch fährst.
            Wenn Herr Büttner schon hier ist, schicken Sie ihn zu mir.
            Wenn du kein Geld hast, helfe ich dir gerne.

8.6 You will hear ten pairs of short sentences. Combine these pairs into open conditions, always beginning with *wenn*.

        You hear: Er kommt. Er ist um vier Uhr hier.
        You say: Wenn er kommt, ist er um vier Uhr hier.

8.7 You will hear ten short sentences like *Ich gehe ins Kino*. Transform these into open conditions by inserting *nur* before the second prong—*Ich gehe nur ins Kino*—and adding: *wenn du auch ins Kino gehst*.

        You hear: Ich fahre nach Köln.
        You say: Ich fahre <u>nur</u> nach Köln, wenn du <u>auch</u> nach Köln fährst.

8.8 Listen and repeat (Patterns, groups 7-11).

      [7]   Ruf mich bitte nicht vor acht an!
            Bitte ruf mich nicht vor acht an!
            Aber ruf mich nicht vor acht an, bitte!

            Ruf sie doch noch einmal an. Vielleicht ist sie jetzt zu Hause.
            Bitte ruf sie doch noch einmal an!
            Ruf sie doch noch mal an, bitte!
            Bitte sei doch so gut und fahr mich mal eben in die Stadt.

            Fahr doch mit uns in den Schwarzwald!
            Sei mir nicht böse, aber ich muß jetzt gehen.
            Sei doch nicht so nervös!

            Steh du doch mal zuerst auf.
            Rede du mal mit Meyer, du kennst ihn doch besser als ich.
            Bleib du doch wenigstens vernünftig.

      [8]   Kinder, vergeßt nicht, euch die Hände zu waschen.
            Es war schön, daß ihr kommen konntet; besucht uns bald mal wieder.
            Seid mir nicht böse. Aber ich muß jetzt wirklich nach Hause.
            Also auf Wiedersehen. Und ruft uns an, wenn ihr nach Hause kommt.
            Geht ihr ruhig ins Theater. Ich muß noch arbeiten.
            Warum ich sonntags immer zu Hause bleibe? Arbeitet ihr einmal jeden Tag
               zehn Stunden, dann wißt ihr warum.

      [9]   Wo sollen wir denn essen, Rosemarie?—Gehen wir doch mal ins Regina, Klaus,
               da waren wir schon so lange nicht mehr.
            Müssen wir denn heute schon wieder zu Müllers?—Natürlich müssen wir.—
               Also schön, fahren wir wieder zu Müllers.

[10] Bitte, Fräulein, geben Sie mir Zimmer 641.
Seien Sie herzlich gegrüßt von Ihrem Hans Meyer.
Entschuldigen Sie bitte, gnädige Frau; Ihr Ferngespräch nach Hamburg ist da.
Es gibt keine bessere Kamera. Fragen Sie Ihren Fotohändler.
Lassen Sie Ihren Wagen doch mal zu Hause: Fahren Sie mit der U-Bahn.

[11] Alles aussteigen.
Einsteigen bitte.
Bitte einsteigen.
Nicht öffnen, bevor der Zug hält.
Langsam fahren.
Nicht rauchen.
Bitte anschnallen.
Nicht mit dem Fahrer sprechen.
Eintreten ohne zu klingeln.
Nicht stören.
Bitte an der Kasse zahlen.
Nach rechts einordnen.

8.9 You will hear fifteen assertions. Replace them by imperatives.

You hear: Du sollst vorsichtig sein.
You say: Sei vorsichtig.

8.10 Listen and repeat (Patterns, group 12).

[12] Ich glaube, ich werde sie nie wiedersehen.
Diesen Sonntag werde ich nie vergessen.
Diesen Sonntag werde ich leider nie vergessen können.
Nein, Herr Harms, ich werde es nicht vergessen. Ich werde Sie morgen um 9 Uhr 10 anrufen.
Gertrud ist schon vor einer Stunde abgefahren, also wird sie jetzt schon lange zu Hause sein.
Ich möchte wissen, warum Peter mich immer noch nicht angerufen hat; ob er mir böse ist?—Warum soll er dir böse sein? Er wird (wohl) noch schlafen.
Den Helmut habe ich schon wochenlang nicht gesehen. Wo kann der denn nur sein?—Er wird wieder in Essen arbeiten müssen.

8.11 Change the following sentences to the future tense.

You hear: Ich fahre morgen nach Berlin.
You say: Ich werde morgen nach Berlin fahren.

8.12 Listen and repeat (Patterns, groups 13-14).

[13] Ist dein Mantel neu, Ilse?
Nein, er ist ganz alt.

Zwei und zwei ist fünf,—richtig?
Nein, das ist falsch.

Wie hoch ist der Berg?
Wie tief ist das Wasser?

Ist das Hotel weit von hier?
Nein, ganz nahe beim Bahnhof.

Ist das Buch sehr teuer?
Nein, als Paperback ist es billig.

Fahren Sie bitte langsam.
Bei dem Wetter können Sie doch nicht so schnell fahren.

Im Sommer ist es in Berlin um zehn Uhr noch hell.
Im Winter ist es in Berlin um vier Uhr schon dunkel.

[14] Von der Burgruine hoch oben auf dem Berg konnte man unten im Tal
      das Dorf sehen.

Früh am Morgen fuhr er in die Stadt und kam erst spät am Abend wieder
zurück.

Heute ist doch Sonntag. Der Zug fährt heute nicht; er fährt nur an Werktagen.

Auf diese Frage konnte er mir keine Antwort geben.

Eusebius hatte überall Freunde; ich glaube nicht, daß er je einen Feind gehabt hat.

Er lebte ein schönes Leben, und nach seinem Tod vermißten wir ihn sehr.

Am Anfang war ja alles gut gegangen, aber am Ende hatte er dann doch Pech.

Wir mußten drei Tage und zwei Nächte fahren, um rechtzeitig nach New York
zu kommen.

8.13 Conversations I, II, and III.

UNIT 9

9.1 Listen and repeat (Patterns, group 1).

[1] Ich wollte, du würdest mitgehen.
     Ich wünschte, du würdest mitgehen.
     Es wäre schön, wenn du mitfahren würdest.
     Wie wäre es, wenn er mitfahren würde?
     Wenn er doch nur mitfahren würde.

Es wäre gut, wenn wir einmal früher in die Stadt fahren würden. Dann würden wir
bestimmt noch einen Parkplatz finden.

Wenn wir vor dem Berufsverkehr fahren würden, würden wir im Parkhaus am
Markt noch Platz finden.

Wir würden schneller hinkommen, wenn wir die Autobahn nehmen würden.

Ich würde gern mitten in der Stadt wohnen.
Dann würde ich nur noch zu Fuß gehen.

An deiner Stelle würde ich die Bundesstraße nehmen. Auf der Autobahn sind um
diese Zeit doch immer Stauungen.

Ich würde lieber hier draußen einkaufen gehen. Dann würden wir viel Zeit sparen.

Am liebsten würde ich heute zu Hause bleiben.

9.2 You will hear ten short questions. Restate these as wishes, in the subjunctive and starting with
    Ich wollte, ...

        You hear: Gehst du mit?
        You say: Ich wollte, du würdest mitgehen.

9.3 Listen and repeat (Patterns, groups 2-3).

[2] Ich wünschte, wir wohnten nicht so weit draußen vor der Stadt.

     Ich wünschte, wir würden nicht so weit draußen wohnen.

Wie wäre es, wenn wir zum Mittagessen in der Stadt blieben?

Ich ginge eigentlich gern mal wieder in den Ratskeller.

Wenn er den Wagen in einer Seitenstraße parken würde, brauchte er nicht ins Parkhaus zu fahren.

Wenn er sehr früh führe, bekäme er auch direkt am Dom noch einen Platz zum Parken.

Wenn es doch nur nicht schon wieder regnete (regnen würde). Ich wollte, die Sonne schiene endlich wieder.

Ja, wenn die Sonne wieder schiene, gäbe es auch nicht mehr so viele Unfälle auf der Autobahn.

Und wenn die Leute vernünftiger führen, würde auch nicht so viel passieren.

[3] Ich wollte, wir hätten in Amerika so viele Fußgängerzonen wie in Deutschland.

Dann wäre es ein Vergnügen, in der Innenstadt einkaufen zu gehen.

Wenn die Straßen um den Dom herum nicht so eng wären, hätten wir sicher keine Fußgängerzone.

Der Verkehr wäre noch viel schlimmer, wenn es keine U-Bahn gäbe.

Ich wollte, ich könnte mit der Straßenbahn fahren; aber da müßte ich dreimal umsteigen, und das dauert mir zu lange.

Wenn du doch nur nicht immer mit dem Wagen fahren wolltest.

Wir sollten eigentlich mal versuchen, die U-Bahn zu nehmen.

U-Bahn? Das wäre eine Idee. Wir könnten am Markt aussteigen und dann zu Fuß gehen. Dann wären wir in fünf Minuten im Kaufhof. Das würde Benzin, Zeit and Nerven sparen.

9.4 You will hear ten positive statements. Restate these as negative wishes in the subjunctive, starting with *Ich wünschte, ...*

You hear: Wir wohnen auf dem Land.
You say: Ich wünschte, wir wohnten nicht auf dem Land.

9.5 You will hear ten short sentences. Restate these sentences in the subjunctive, using *eigentlich auch gerne.*

You hear: Ich fahre nach Italien.
You say: Ich führe eigentlich auch gerne nach Italien.

9.6 You will hear five pairs of short sentences. Combine these sentences to form contrary-to-fact conditions. Start with the *wenn*-clause.

You hear: Das Wetter ist gut. Wir fahren in die Berge.
You say: Wenn das Wetter nicht gut wäre, führen wir nicht in die Berge.

9.7 Listen and repeat (Patterns, group 4).

[4] Ich wollte, wir wären nicht am Wochenende in die Berge gefahren. Der Wochenendverkehr war wieder mal unmöglich.

Ich wollte, die hätten nicht überall Stopschilder hingestellt; dann käme man viel schneller vorwärts.

Wenn nur das Benzin nicht so teuer geworden wäre.

Ja, wir hätten einen Diesel kaufen sollen; dann könnten wir heute viel billiger fahren.

Wenn nicht alle Ampeln rot gewesen wären, wäre ich bestimmt rechtzeitig hier gewesen.

Wenn du nicht so schnell gefahren wärst, hättest du keinen Strafzettel bekommen. Aber du mußt ja immer rasen wie ein Irrer.

Wenn das Wetter besser gewesen wäre, hätte es auf der Autobahn nicht so viele Unfälle gegeben.

Aber wenn es nicht geschneit hätte, hätten wir nicht schilaufen können.

Lotti wäre letztes Wochenende gern mitgefahren, aber sie hatte zu viel zu tun.

Ich wäre lieber zu Hause geblieben. Dann wäre ich am Montag nicht so müde gewesen.

Der Verkehr war so stark, daß mein Mann am liebsten den Wagen verkauft hätte und mit der Bahn nach Hause gefahren wäre.

9.8 Change the following statements to wishes in the past subjunctive.

> You hear: Er hat mir nicht geschrieben.
> You say: Ich wollte, er hätte mir geschrieben.

9.9 You will hear three pairs of sentences. Change each pair into an irreal *wenn*-clause with past subjunctive.

> You hear: Sie hat mir nicht geschrieben.
>   Ich habe ihr auch nicht geschrieben.
>
> You say: Wenn sie mir geschrieben hätte, hätte ich ihr auch geschrieben.

9.10 Listen and repeat (Patterns, groups 5-6).

> [5] Wenn Dora nicht hätte nach München fahren müssen, hätte Schulz sie nie kennengelernt.
>
> Wenn du nicht hättest kommen können, wäre ich sehr unglücklich gewesen.
>
> Wenn er gestern abend nicht hätte zu Hause bleiben müssen, hätte er mit uns ins Kino gehen können.
>
> [6] Guten Abend. Hätten Sie vielleicht noch ein Zimmer frei?
>
> Ich hätte gern ein Zimmer mit Bad oder Dusche,—und mit WC.
>
> Könnten Sie mich bitte um sieben Uhr wecken?
>
> Dürfte ich um das Telefonbuch bitten?
>
> Ich hätte gerne Weinstadt bei Stuttgart,—Vorwahl 07151, und die Nummer ist 6 38 20.

9.11 You will hear ten short sentences in the indicative. Restate these sentences as wishes starting with *Ich wollte.* Use first the present subjunctive and then the past subjunctive.

> You hear: Er ist hier.
> You say: Ich wollte, er wäre hier.
> You say: Ich wollte, er wäre hier gewesen.

9.12 You will hear ten wishes contrary to fact in the present time. Repeat the sentences and add a statement about the actual facts in the present indicative, starting with *aber*. Change affirmative to negative, and negative to affirmative statements.

> You hear: Ich wollte, du wärst hier.
> You say: Ich wollte, du wärst hier, aber du <u>bist</u> nicht hier.

9.13 Conversations I, II, and III.

UNIT 10

10.1 Listen and repeat (Patterns, groups 1-2).

[1]   In einer halben Stunde fuhren wir durch ganz Liechtenstein.

Wir durchfuhren Liechtenstein in einer halben Stunde.

Das Fleisch ist noch nicht ganz durchgebraten.

Es hat so geregnet, daß wir durch und durch naß wurden.

Es regnete Tag für Tag.

Was hast du denn für den Wein bezahlt?

Ich habe gar nichts gegen deinen Bruder.

Gegen Abend fing es an zu regnen.

Karla sagt, sie kommt gegen sechs.

Ich fahre nie ohne einen Regenmantel in die Berge.

Der Zug aus Darmstadt kommt um sechs Uhr an.

Alle standen um den neuen Porsche herum.

Um Weihnachten herum will er wieder hier sein.

Jetzt habe ich das Glas umgeworfen; schade um den schönen Wein.

Die Zeit ist um.

Um um Umstadt herumzufahren, müssen wir auf der Bundesstraße bleiben.

Ich komme gerade aus dem Kino.

Wann ist denn heute das Fußballspiel aus?

Herr Enderle ist aus Stuttgart, aber seine Frau kommt aus Ostpreußen.

Der Kalbsbraten ist leider aus, mein Herr, aber wie wäre es mit einem Rippchen mit Kraut?

Das Wort *beef* kommt aus dem Französischen.

Außer einem Kriminalroman habe ich leider nichts zu lesen mitgebracht.

Bei dem Regen beiben wir lieber zu Hause.

Dem Gulasch gibt man dann noch etwas Paprika bei.

Brötchen kriegen Sie hier bei uns.

Burgbach liegt bei Stuttgart.

Er wohnt bei seiner Tante.

Er geht mit seiner Tante ins Museum.

Bist du mit dem Wagen gefahren?—Nein, mit dem Zug.

Nach dem Theater fuhr er noch nach Köln.

Meine Uhr geht nach.

Geht ihr nur schon; ich komme nach.

Seit dem Abitur habe ich sie nicht mehr gesehen.

Seit wir in Hamburg wohnen, kommen wir nur noch selten in die Berge.

Vom Denken wird man leicht müde.

Die Brötchen sind nicht ganz frisch; sie sind von gestern.

Ich hätte gerne ein Pfund von dieser Leberwurst.

Ich fahre heute zum Mittagessen nach Hause.

Hast du was zu essen hier?—Ja, was denn zum Beispiel?

Die Tür ist zu. Wer hat sie denn zugemacht?

[2] Wo fahrt ihr denn hin?—Wir fahren an den Neckar.
Wo wart ihr denn gestern?—Wir waren gestern am Neckar.

Wohin ist er denn mit seiner Frau gefahren?—Er ist mit ihr in den Schwarzwald
    gefahren.
Wo wohnt er denn?—Er wohnt im Schwarzwald.

Was hat er denn mit seinem Geld gemacht?—Er hat es auf die Bank gebracht.
Wo hast du dein Geld?—Ich habe mein Geld auch auf der Bank.

Wo hast du den Wagen denn hingestellt?—Hinter das Haus.
Wo steht denn dein Wagen?—Hinter dem Haus.

Was habt ihr denn gestern gemacht?—Wir sind gestern ins Theater gegangen.
Wo wart ihr denn gestern abend?—Im Theater.

Was haben Sie denn mit meiner Zeitung gemacht?—Ich habe sie neben Ihren Hut
    gelegt.
Neben meinem Hut liegt sie aber nicht.—Wo kann sie denn sein?

Wie seid ihr nach Deutschland geflogen?—Wir sind nonstop über den Atlantik
    geflogen.
Und wo habt ihr gefrühstückt?—Über dem Atlantik.

Es regnete, und wir hielten unter der Brücke.
Es regnete, und wir liefen unter die Brücke.

Wo haben Sie Rosemarie denn gesehen?—Vor dem Hotel.
Bringen Sie mir bitte den Wagen?—Ja, ich bringe ihn vor das Hotel.

Wo lag denn der Brief?—Er lag zwischen den Zeitungen, und ich konnte ihn
    nicht finden.
Er konnte den Brief lange nicht finden; seine Frau hatte ihn zwischen die
    Zeitungen gelegt.

Vor zehn Jahren stand hier ein Haus.
Sollen wir vor oder nach dem Theater essen?
Vor einem Jahr kam Ingelheim nach Hause.
Ich möchte vor dem Essen noch einen Brief schreiben.

10.2 You will hear sentences containing an adverbial phrase of place. Formulate questions
asking for these locations, using either *wo* or *wohin.*

You hear: Er wohnt seit Jahren an der Riviera.
You ask: Wo wohnt er?
Then you hear: Wo wohnt er?—An der Riviera.

                       OR

You hear: Mein Hund läuft immer unter den Tisch.
You ask: Wo läuft er hin? *OR:* Wohin läuft er?
Then you hear: Wo läuft er hin?—Unter den Tisch.

10.3 You will hear sentences with an adverbial phrase of place, followed by a *wo*-question. Answer
      this question; be sure to change the adverbial phrase from accusative to dative.

You hear:	Sie ist ins Haus gegangen.—Wo ist sie jetzt?
You say:	Sie ist im Haus.
Then you hear:	Wo ist sie jetzt?—Sie ist im Haus.

10.4 Dictation.

10.5 Listen and repeat (Patterns, groups 3-6).

[3] Während des Sommers war Schmidt in Tirol.
     Während der Woche kannst du mich nicht besuchen.
     Sie können doch wegen des Regens nicht zu Hause bleiben.
     Wir haben trotz des Regens gestern gearbeitet.
     Wir haben trotz dem Regen gestern gearbeitet.

[4] Am Abend ihres Geburtstages ging er mit ihr ins Theater.
     Gegen Ende des Jahres kam er aus Afrika zurück.
     Herr Harms ist ein Freund meines Mannes.
     Werners Freundin kenne ich nicht.
     Schmidt-Ingelheims Roman habe ich nicht gelesen.
     Hast du Mutters Hut gesehen?

[5] Hannelore? Das ist doch die Freundin von Werner Schlosser!
     Herr Behrens ist ein Freund von meinem Mann.
     Herr Behrens ist ein Freund von Johannes.
     Renate ist eine von Dieters Freundinnen.

     Ingelheims Kinder sind noch klein.
     Die Kinder von Ingelheim sind noch klein.
     Die Kinder von Ingelheims sind noch sehr klein.
     Ingrids Kinder sind noch sehr klein.
     Die Kinder von Ingrid sind noch sehr klein.
     Sie war eine Freundin von Overhoffs Frau.
     Er war der Vater von dreizehn Kindern.
     Ich bin kein Freund von Rheinwein.
     Jeder Leser von Kriegsromanen weiß, wer Schmidt-Ingelheim ist.

[6] Möchten Sie noch eine Tasse Tee?
     Haben Sie schon gewählt?—Ja, ich hätte gerne ein Glas Mosel.
     Meine Frau würde gerne ein Glas Wasser trinken.

10.6 Dictation.

10.7 Listen and repeat (Patterns, groups 7).

[7] Ich habe leider kein Buch mitgebracht. Hast du eins bei dir?
     Keiner von seinen Freunden hat ihn besucht.
     Hier ist das Buch von Rolf.—Nein, das ist meins.
     Mir gehört das Buch nicht; es muß deins sein.
     Wem gehört denn der Porsche? Ist das Ihrer, Frau Kröger?
     Einen Ihrer Romane habe ich gelesen.
     Einen von Ihren Romanen habe ich gelesen.
     Eine seiner Töchter studiert jetzt Medizin.
     Eine von seinen Töchtern studiert jetzt Medizin.

10.8 You will hear sentences containing *ein*-words followed by a noun. Restate the sentences, leaving out these nouns.

> You hear: Wir haben schon ein Auto.
> You say: Wir haben schon eins.

10.9 Listen and repeat (Patterns, group 8).

> [8] Meyer ist gar nicht dumm; er weiß immer, was er will.
>
> Was, Heidi will heiraten? Das habe ich gar nicht gewußt.
>
> Er spricht so leise, daß man ihn gar nicht verstehen kann.
>
> Hast du gut geschlafen?—Nein, ich habe gar nicht geschlafen.
>
> Was habt ihr denn heute gelernt?—Gar nichts, wir haben nur gespielt.
>
> Ingelheim war gar kein General; er war nur Leutnant.

10.10 You will hear ten sentences. Negate these sentences by using *gar nicht, gar kein,* or *gar nichts.*

> You hear: Ich habe gestern gut geschlafen.
> You say: Ich habe gestern gar nicht gut geschlafen.

10.11 Conversations I-IV.

UNIT 11

11.1 Listen and repeat (Patterns, groups 1-2).

> [1] Mein Freund Giovanni sagt: ,,In Italien ist das Benzin sehr teuer.''
>
> Mein Freund Giovanni sagt,
> > in Italien ist das Benzin sehr teuer.
> > in Italien wäre das Benzin sehr teuer.
> > daß in Italien das Benzin sehr teuer ist.
> > daß in Italien das Benzin sehr teuer wäre.
>
> Herr Enderle sagt: ,,Ich komme heute erst spät nach Hause.''
>
> Herr Enderle sagt,
> > er kommt heute erst spät nach Hause.
> > er käme heute erst spät nach Hause.
> > daß er heute erst spät nach Hause kommt.
> > daß er heute erst spät nach Hause käme.
>
> Christa sagt: ,,Ich bin die ganze Woche krank gewesen.''
>
> Christa sagt,
> > sie ist die ganze Woche krank gewesen.
> > sie wäre die ganze Woche krank gewesen.
> > daß sie die ganze Woche krank gewesen ist.
> > daß sie die ganze Woche krank gewesen wäre.
>
> [2] Hans sagte: ,,Mein Vater bleibt noch in Salzburg.''
> > Hans sagte, sein Vater bliebe noch in Salzburg.
> > Hans sagte, sein Vater würde noch in Salzburg bleiben.
>
> Inge sagte: ,,Erika fährt morgen nach Nürnberg.''
> > Inge sagte, Erika führe morgen nach Nürnberg.
> > Inge sagte, Erika würde morgen nach Nürnberg fahren.
> > Inge sagte, daß Erika morgen nach Nürnberg führe.
> > Inge sagte, daß Erika morgen nach Nürnberg fahren würde.

11.2 Restate the following sentences in indirect discourse, starting with *Sabine sagte, ...*

> You hear: Ich habe Hunger.
> You say: Sabine sagte, sie hätte Hunger.

11.3 You will now hear another ten sentences. Restate these sentences in indirect discourse, again starting with *Sabine sagte, . . . ,* but this time use only *würde*-forms.

> You hear: Ich besuche euch bald.
> You say: Sabine sagte, sie würde uns bald besuchen.

11.4 Listen and repeat (Patterns, group 3).

> [3]   Er sagte: ,,Ich arbeitete damals in Hamburg.''
>   ,,Ich habe damals in Hamburg gearbeitet.''
>   ,,Ich hatte damals in Hamburg gearbeitet.''
>   Er sagte, er hätte damals in Hamburg gearbeitet.
>
>   Er sagte: ,,Ich fuhr dann nach Hamburg.''
>   ,,Ich bin dann nach Hamburg gefahren.''
>   ,,Ich war dann nach Hamburg gefahren.''
>   Er sagte, er wäre dann nach Hamburg gefahren.
>
>   Er sagte: ,,Ich wollte damals nach Hamburg fahren.''
>   ,,Ich habe damals nach Hamburg fahren wollen.''
>   ,,Ich hatte damals nach Hamburg fahren wollen.''
>   Er sagte, er hätte damals nach Hamburg fahren wollen.

11.5 Restate the following sentences in the indirect discourse. Use the past subjunctive, starting with *Er sagte, daß. . . .*

> You hear: Ich habe in Hamburg studiert.
> You say: Er sagte, daß er in Hamburg studiert hätte.

11.6 Listen and repeat (Patterns, group 4).

> [4]   Er fragte: ,,Ist dein Vater heute abend zu Hause?''
>   Er fragte, ob mein Vater heute abend zu Hause wäre.
>   Er fragte: ,,Wohin geht ihr heute abend zum Essen?''
>   Er fragte, wohin wir heute abend zum Essen gingen.
>   Er fragte: ,,Kommt Fritz morgen?''
>   Er wollte wissen, ob Fritz morgen käme.
>
>   Er fragte, ob ich krank wäre.
>   Er fragte, ob wir das Haus in Wiesbaden kaufen wollten.
>   Er fragte, ob er mich zum Bahnhof bringen dürfte.
>   Er fragte mich, warum ich denn nicht mit nach Bern führe.
>   Er wollte wissen, ob Maria zu Hause wäre.
>   Er wollte wissen, warum Hans nicht mitgehen könnte.
>
>   Er fragte: ,,Warum sind Sie denn gestern nicht nach Graz gefahren?''
>   Er fragte, warum ich denn gestern nicht nach Graz gefahren wäre.
>   Er fragte: ,,Mit wem warst du denn gestern abend im Theater?''
>   Er wollte wissen, mit wem ich gestern abend im Theater gewesen wäre.
>
>   Er wollte wissen, wieviel die Zigarren gekostet hätten.
>   Er wollte wissen, wie lange ich für die Lufthansa gearbeitet hätte.

11.7 You will hear ten questions. Restate these as indirect questions, starting with *Er wollte wissen,* . . . . Make sure that you use the correct subjunctive forms (present, past, or *würde*-forms).

> You hear: Kommst du nach Zürich?
> You say: Er wollte wissen, ob ich nach Zürich käme.

> You hear: Wann bist du nach Zürich gekommen?
> You say: Er wollte wissen, wann ich nach Zürich gekommen wäre.

11.8 Listen and repeat (Patterns, group 5).

> [5] „Ich bin nur zwei Tage in München."
> Sie sagte, sie wäre nur zwei Tage in München.
> Sie sagte, sie sei nur zwei Tage in München.
>
> „Ich habe ein Zimmer im Bayerischen Hof."
> Sie sagte, sie hätte ein Zimmer im Bayerischen Hof.
> Sie sagte, sie habe ein Zimmer im Bayerischen Hof.
>
> „Wann bist du denn gestern abend nach Hause gekommen?"
> Er fragte mich, wann ich gestern abend nach Hause gekommen wäre.
> Er fragte mich, wann ich gestern abend nach Hause gekommen sei.
>
> „Ich mußte gestern nach Regensburg fahren."
> Er sagte, er hätte gestern nach Regensburg fahren müssen.
> Er sagte, er habe gestern nach Regensburg fahren müssen.
>
> „Ihr braucht nicht auf mich zu warten; ich komme erst morgen."
> Er sagte, wir brauchten nicht auf ihn zu warten; er käme erst morgen.
> Er sagte, wir brauchten nicht auf ihn zu warten; er komme erst morgen.
>
> „Kannst du mit mir frühstücken?"
> Er fragte, ob ich mit ihm frühstücken könnte.
> Er fragte, ob ich mit ihm frühstücken könne.
>
> „Dann können wir zusammen frühstücken."
> Er sagte, wir könnten dann zusammen frühstücken.

11.9 You will hear ten statements. Change these to indirect discourse, starting with *Er sagte,* . . . . You will then hear the sentences again. Change them again to indirect discourse, but this time starting with *Er sagte, daß.* . . .

> You hear: Ich komme nicht.
> You say: Er sagte, er käme nicht.

> You hear: Ich komme nicht.
> You say: Er sagte, daß er nicht käme.

11.10 Listen and repeat (Patterns, group 6).

> [6] „Fahren Sie doch einmal an die Nordsee."
> Mein Arzt hat gesagt, ich sollte doch einmal an die Nordsee fahren.
>
> „Bleiben Sie mindestens vierzehn Tage dort."
> Er sagte, ich sollte mindestens vierzehn Tage dort bleiben.
>
> „Bring mir doch bitte etwas zu lesen mit."
> Carola sagte, ich sollte ihr doch bitte etwas zu lesen mitbringen.
>
> „Besucht mich bald wieder."
> Tante Amalie sagte, wir sollten sie bald wieder besuchen.

11.11 Listen and repeat (Patterns, groups 7-12).

[7]   „Wann ist Wolfgang denn gestern abend nach Hause gekommen?"
      Wolfgang, Vater möchte wissen, wann du gestern abend nach Hause gekommen
         bist.

      „Wann will Heidi denn heiraten?"
      Ich weiß nicht, wann sie heiraten will.

[8]   „Fährst du nach Bern?"
      Mutter will wissen, ob du nach Bern fährst.

      „War Erich wirklich in Garmisch-Partenkirchen?"
      Ich weiß nicht, ob Erich wirklich in Garmisch-Partenkirchen war.

[9]   Du bist auch nicht besser als er.
      Das ist besser als nichts.
      In Berlin wohnen mehr Menschen als in Unterzwingenbach.

      Meyer hat in Baden-Baden mehr Geld verloren, als er wollte.

      Er wußte bestimmt mehr, als er uns gesagt hat.

[10] Wenn wir in München sind, wohnen wir im Bayerischen Hof.
      Als wir in München waren, wohnten wir im Bayerischen Hof.

      Wenn ich nach Freiburg komme, besuche ich ihn sofort.
      Als ich nach Freiburg kam, besuchte ich ihn sofort.

      Als Ingelheim ins Hotel kam, wartete Erich schon auf ihn.
      Wir wollten gerade ins Haus gehen, als Meyers kamen.
      Als ich ihn sah, wußte ich, daß etwas passiert war.
      Frau Enderle studierte in Hamburg, als sie ihren Mann kennenlernte.

[11] Er tut, als ob er schliefe.
      Er tut, als schliefe er.

      Er tat, als ob er schliefe.
      Er tat, als schliefe er.

      Er tut, als ob er geschlafen hätte.
      Er tut, als hätte er geschlafen.

      Er tat, als ob er geschlafen hätte.
      Er tat, als hätte er geschlafen.

      Er tat, als wenn er schliefe.
      Er tat, als wenn er geschlafen hätte.

      Gerda sah aus, als wäre sie krank.

[12] Wenn es morgen regnet, bleiben wir zu Hause.
      Wenn er schon hier wäre, könnten wir ihn besuchen.
      Wenn er damals hier gewesen wäre, hätten wir ihn besuchen können.
      Wenn der Sommer kam, fuhren unsere Eltern immer mit uns an die Nordsee.
      Jedesmal, wenn Tante Amalie uns besuchte, mußte ich mit ihr ins Museum gehen.
      Wenn ich in München bin, gehe ich abends immer ins Theater.

11.12 You will hear ten questions starting with *wann.* Change to indirect questions introduced
      by *Ich weiß nicht, ...*

      You hear: Wann hat Inge ihren Mann denn abgeholt?
      You say: Ich weiß nicht, wann Inge ihren Mann abgeholt hat.

11.13 You will hear eight yes-or-no questions. Change to indirect questions introduced by *Ich möchte wissen, ob. . . .*

        You hear: War sie denn schon im Haus?
        You say: Ich möchte wissen, ob sie schon im Haus war.

11.14 You will hear ten pairs of sentences. Restate these, using the second one as the introductory statement to an *als ob* clause. Note that some sentences will have to start with *Er tut,* and others with *Er tat.*

        You hear: Er schläft nicht; er tut nur so.
        You say: Er tut, als ob er schliefe.

11.15 You will hear six pairs of sentences. Change the first sentence of each pair to a dependent clause starting with *als.*

        You hear: Ingelheim kam ins Hotel. Ein Brief wartete auf ihn.
        You say: Als Ingelheim ins Hotel kam, wartete ein Brief auf ihn.

11.16 You will hear pairs of sentences. Change these either into open conditions or into irreal conditions.

        You hear: Vielleicht regnet es morgen. Dann bleiben wir zu Hause.
        You say: Wenn es morgen regnet, bleiben wir zu Hause.

                    OR

        You hear: Ich habe leider kein Geld; sonst könnte ich mir einen Mantel kaufen.
        You say: Wenn ich Geld hätte, könnte ich mir einen Mantel kaufen.

11.17 You will hear pairs of sentences. Restate these by starting with *Jedesmal.*

        You hear: Tante Amalie kam oft zu uns, und ich mußte jedesmal mit ihr ins Museum gehen.
        You say: Jedesmal, wenn Tante Amalie zu uns kam, mußte ich mit ihr ins Museum gehen.

11.18 Conversations I-IV.

11.19 Reading. Bertolt Brecht: Die Moritat von Mackie Messer.

UNIT 12

12.1 You will hear Patterns 1 and 2, but you will not be asked to repeat these sentences, so just listen carefully and try to read along with the speakers.

        [1] Mein Vater hatte nicht studiert.
             Er konnte nicht verstehen, warum ich Schriftsteller werden wollte.
             Mein Vater, der nicht studiert hatte, konnte nicht verstehen, warum ich Schriftsteller werden wollte.

             Meine Mutter war Klavierlehrerin.
             Sie wollte immer, daß ich Musik studieren sollte.
             Meine Mutter, die Klavierlehrerin war, wollte immer, daß ich Musik studieren sollte.

             Hier stand früher das Gymnasium.
             Es stammte noch aus dem neunzehnten Jahrhundert.
             Das Gymnasium, das früher hier stand, stammte noch aus dem neunzehnten Jahrhundert.

Meyers Kinder gehen noch aufs Gymnasium.
Sie wollen später alle studieren.
Meyers Kinder, die noch aufs Gymnasium gehen, wollen später alle studieren.

Studienrat Meinig war der Lehrer, den ich als Schüler am meisten bewundert habe.
Die Schule, die ich neun Jahre lang besuchte, hieß Wöhler-Realgymnasium.
Das Fach, das ich am liebsten hatte, war Chemie.
Viele von den Mädchen, die ich auf der Schule kennengelernt habe, sind heute noch meine Freundinnen.

Die Grundschule ist der Schultyp, von dem man mit zehn Jahren entweder auf die Hauptschule, auf die Realschule oder auf das Gymnasium geht.
Die Prüfung, mit der das Gymnasium abschließt, ist das Abitur.
Das Abitur, mit dem man das Gymnasium abschließt, besteht aus einer Reihe von schriftlichen und mündlichen Prüfungen.
Es gibt heute nur wenige Abiturienten, denen es gelingt, einen Studienplatz in der Medizin zu bekommen.

Meyer, dessen Sohn ein sehr schlechtes Zeugnis bekam, mußte die achte Klasse wiederholen.
Anni Müller, in deren Klasse Fritz Meyer jetzt ist, erzählt immer, wie dumm Fritzchen ist.
Dieses Mädchen Anni, dessen Eltern Herrn Meyer nicht leiden können, ist auch nicht gerade intelligent.
Meyers, deren Kinder, wie wir gehört haben, alle studieren wollen, haben sehr viel Geld.

[2] Wer das Abitur hat, kann die Universität besuchen.
Wer das Abitur hat, der kann die Universität besuchen.
Wer mit 15 Jahren von der Hauptschule abgeht, der muß noch drei Jahre die Berufsschule besuchen.
Was man in der Berufsschule lernt, kann man sofort praktisch im Betrieb verwenden.
Unser Sohn will Automechaniker werden, was ich sehr vernünftig finde.
Ich habe leider nicht alles verstanden, was Professor Kunz erklärt hat.
Professor Bodenstein hat wirklich nichts gesagt, was ich nicht schon wußte.
Aber Hans, du *mußt* doch etwas gelernt haben, was neu für dich war.

12.2 Dictation.

12.3 Listen and repeat (Patterns, groups 3-5).

[3] Wo ist denn mein Kugelschreiber?—Ich schreibe gerade damit.
Wir haben auch ein Haus mit einer Garage dahinter.
Das ist die Marienkirche, und in dem Haus daneben hat früher mein Bruder gewohnt.
Haben Sie Ingelheims Roman gelesen?—Nur den Anfang davon.

[4] Den Kugelschreiber kannst du zurückbringen.
Damit (mit dem) kann ich nicht schreiben.
Da kann ich nicht mit schreiben.
Der Kugelschreiber hier ist mir zu schwer. Darf ich mal den da versuchen?

In die Oper brauchst du mit Tante Amalie nicht zu gehen.
Dabei schläft sie immer ein.
Da schläft sie immer bei ein.
Sonntag im Kino ist sie auch eingeschlafen.—Aber im Gloria-Palast läuft heute abend ein Hitchcock-Film. Bei dem (dabei) schläft sie bestimmt nicht ein.

[5] Wofür brauchst du denn so viel Geld? Was willst du denn kaufen?
     Für was brauchst du denn das Geld?
     Ich weiß nicht, wofür er das Geld ausgegeben hat.
     War der Briefträger immer noch nicht da?—Warum fragst du denn schon wieder?
       Auf was (worauf) wartest du denn eigentlich, auf einen Brief von deiner
       Freundin?
     Ich weiß nicht, worauf er wartet.

12.4 You will hear ten sentences each containing a prepositional phrase. Restate these sentences
by substituting a *da*-compound for the prepositional phrase.

     You hear: Er hat viel Geld für das Haus bezahlt.

     You say: Er hat viel Geld dafür bezahlt.

12.5 Listen and repeat (Patterns, group 6).

[6] Ich glaube, Franziska hat Angst vor dem Abitur.—Aber sie braucht doch wirklich
       keine Angst davor zu haben, daß sie durchfällt.
     Ich habe Professor Baumgärtner geschrieben und ihn gebeten, mir eine Empfehlung
       zu schreiben, aber bisher hat er mir noch nicht geantwortet.
     Ich habe ihn um eine Empfehlung gebeten.
     Er hat noch nicht auf meinen Brief geantwortet.
     Herr Studienrat, ich möchte Ihnen noch einmal für alles danken, was Sie für
       unsere Tochter getan haben.
     Ich denke oft und gern an meine Schulzeit in Frankfurt zurück.
     Wir denken oft darüber nach, wie man den Fremdsprachenunterricht verbessern
       könnte.
     Darf ich dich nach der Vorlesung zu einer Tasse Kaffee einladen?
     Wir haben Professor Müller zu einem Vortrag in unserem Institut eingeladen.
     Früher war Professor Meyer *der* Spezialist für Chirurgie; heute fragt kein
       Mensch mehr nach ihm.
     Hast du auch danach gefragt, wann nächstes Jahr die Sommerferien anfangen?
     Fritzchen Meyer gehört sicher zu denen, die nie das Abitur machen werden.
     Unser Institut gehört zum Fachbereich Angewandte Physik.
     Nein, das sind nicht meine Bücher; die gehören dem Institut.
     Viele Leute glauben nicht an den Erfolg der Universitätsreform. Glauben Sie
       daran?
     Ich glaube nicht daran, daß die Universitätsreform das Hochschulsystem wirklich
       verbessern wird.
     Was halten Sie von den höheren Schulen in der Bundesrepublik, Mr. Ray? Sind
       sie besser als in Amerika?
     Ich halte sie für sehr gut, Herr Huber; aber man kann sie nicht gut mit der High
       School in Amerika vergleichen.
     Meyer hofft immer auf Wunder. Zur Zeit hofft er darauf, daß Fritzchen das
       Abitur bestehen wird.
     Was hören Sie denn von Ihrem Sohn, Herr Schulze?
     Ich hatte gar nichts davon gehört, daß er promoviert hatte.
     Fritzchen will Kernphysik studieren? Mit einer Fünf in Mathematik? Darüber
       kann ich nur lachen.
     Lacht doch nicht immer über Fritzchen.
     Auf den Vorschlag der Fakultät haben die Studenten und Assistenten sehr positiv
       reagiert.
     Herr Doktor Schmidt, sind Sie *für* die Universitätsreform oder sind Sie da*gegen*?
     Von wem sprecht ihr denn?
     Wir sprachen gerade davon, daß wir in den Semesterferien nach Schweden fahren
       wollen.

In seinem Vortrag sprach Professor Schmidtke über die Verschmutzung unserer
  Flüsse durch die Industrie.
Natürlich sind wir stolz auf Fritz. Ich hätte nie gedacht, daß er einmal Arzt
  werden würde.
Wissen *Sie*, was Endokrinologie ist?—Nein, davon verstehe ich leider gar nichts.
Ich warte auf Joachim. Er wollte gleich nach dem Seminar hierher kommen.
Was wissen Sie vom Schulsystem in der Bundesrepublik?—Davon weiß ich leider
  nur sehr wenig.
Carola Müller ist mit ihrem Zeugnis sehr zufrieden.

12.6 You will hear eight sentences containing prepositional objects. Restate these sentences,
changing the prepositional object to a *da*-compound.

You hear: Wir hoffen auf Regen.
You say: Wir hoffen darauf.

12.7 Conversations. Again, you will not be asked to repeat each sentence, but rather you should
listen carefully to improve your comprehension of spoken colloquial German.

12.8 Reading.

Erich Kästner: Sachliche Romanze
Schulen in Deutschland, oder: Wie real ist die Realschule?

UNIT 13

13.1 Listen and repeat (Patterns, group 1).

[1] Er scheint zu schlafen.
     Er scheint gut geschlafen zu haben.

     Er schien zu schlafen.
     Er schien gut geschlafen zu haben.

     Meyer schien sehr glücklich zu sein.
     Meyer scheint sehr glücklich gewesen zu sein.

     Wer Arzt werden will, muß sechs Jahre studieren.
     Wer Arzt ist, muß sechs Jahre studiert haben.

13.2 Change the following sentences in two ways:
   (a) change the modal to the present perfect, and
   (b) change the present infinitive to a past infinitive.

You hear: Er kann um sechs noch nicht hier sein.
You say first: Er hat um sechs noch nicht hier sein können.
and then: Er kann um sechs noch nicht hier gewesen sein.

13.3 Listen and repeat (Patterns, groups 2-7).

[2] In Heidelberg mußt du unbedingt das Schloß besichtigen.
     Er mußte oft Geschäftsreisen in die Schweiz machen.
     Er sagte, er müßte nächste Woche wieder nach Bern.
     Wenn er nicht krank geworden wäre, hätte er nach Bern fahren müssen.
     Ich habe ihn schon lange nicht gesehen; er muß wieder in der Schweiz sein.
     Er muß lange in England gelebt haben, denn er spricht Englisch praktisch ohne
       Akzent.
     Der Mann, der zur Tür hereinkam, mußte Hans von Hollenbeck sein. Er sah genau
       so aus, wie der Inspektor ihn beschrieben hatte.

Das muβ von Hollenbeck gewesen sein, sagte der Inspektor. Wir wissen, daβ er damals in Klein-Kleckersdorf war.

Es ist kurz vor acht. Heinz müβte eigentlich jetzt hier sein.

Ruf doch mal den Bahnhof an. Der Zug müβte doch schon lange angekommen sein.

[3] Tante Amalie will die Osterferien bei uns verbringen.

Als er über die Grenze fahren wollte, bemerkte er plötzlich, daβ er seinen Paβ vergessen hatte.

Er will in Wien studiert haben? Das glaube ich nicht..

Als Ingelheim den Preis bekam, wollte natürlich jeder seinen Roman schon gelesen haben. Ich hatte ihn wirklich gelesen.—So?—Und ich wollte, ich hätte ihn *nicht* gelesen.

[4] Du sollst nicht stehlen.

Wir sollen morgen um acht auf dem Bahnhof sein.

Er sagte, wir sollten morgen um acht Uhr auf dem Bahnhof sein.

Die Brücke sollte schon letztes Jahr fertig werden, aber sie ist immer noch nicht fertig.

Wir fahren dieses Mal in den Bayerischen Wald in Urlaub. Dort sollen die Hotels viel billiger sein als in den Alpen.

Wo ist denn der Erich?— Der soll schon wieder an der Riviera sein.

Hast du etwas von Dietlinde gehört?—Die soll im Juni geheiratet haben. Ihr Mann soll Ingenieur sein.

[5] Ingelheims Romane sind ja ganz gut, aber als Mensch mag ich ihn gar nicht.

Ich mochte ihn schon nicht, als wir noch auf dem Gymnasium waren.

Meine Frau hat ihn auch nie gemocht.

Danke, Schweinefleisch mag ich nicht; ich esse lieber ein Steak.

Wie alt ist seine Tochter eigentlich?—Oh, ich weiβ nicht. Sie mag achtzehn oder neunzehn sein.

Er mochte damals etwa dreiβig sein.

Was mag ihm nur passiert sein?

Was mochte ihm nur passiert sein?

Er mag gedacht haben, ich hätte ihn nicht gesehen.

[6] Klaus ist krank und kann leider nicht kommen.

Seine Frau sagte, er sei krank und könne leider nicht kommen.

Heute ist ja schon Donnerstag. Bis Samstag kann ich den Roman nicht gelesen haben.

Intelligent kann er nicht sein. Wenn er intelligent wäre, würde er nicht für Meyer arbeiten.

Sie war fast noch ein Kind und konnte nicht älter sein als siebzehn.

Wenn Meyer kein Geld hätte, könnte er keinen Mercedes 450 SE fahren.

Seine Frau sagte, er sei krank und könne leider nicht kommen.

Könnte ich vielleicht ein Zimmer mit Bad haben?

Und der Herr, der mich sprechen wollte, hat nicht gesagt, wie er heiβt? Wer kann das nur gewesen sein? Er sprach mit einem Akzent, sagen Sie? Hm, das könnte Mr. Taylor gewesen sein.

Ich glaube, wir sollten heute im Garten arbeiten. Morgen könnte es regnen.

Von Hollenbeck hätte fliehen können, aber er wollte nicht.

Wahrscheinlich ist er noch im Lande, aber er könnte natürlich auch geflohen sein.

Natürlich hätte er das Geld stehlen können, aber er ist doch kein Dieb.

Sie können doch gar nicht wissen, ob ihm das Geld wirklich gehört; er könnte es ja auch gestohlen haben.

[7] Darf ich heute abend ins Kino gehen, Mutti?

Kann ich heute abend ins Kino gehen, Mutti?

Ich fragte sie, ob ich sie nach Hause bringen dürfte.

Rauchen darf man hier leider nicht.

Sie dürfen nicht mehr so viel Kaffee trinken, Frau Emmerich.

Wann ist er denn weggefahren?—Vor über zwei Stunden.—Dann dürfte er jetzt schon in Frankfurt sein.

Ich möchte wissen, wer mich gestern abend um elf noch angerufen hat.—Das dürfte Erich gewesen sein; der ruft doch immer so spät an.

13.4 Change the present indicative to the present subjunctive, and add *eigentlich*.

> You hear: Er kann schon hier sein.
> You say: Er könnte eigentlich schon hier sein.

13.5 Change from the past indicative to the past subjunctive, and add *eigentlich*.

> You hear: Er mußte gestern arbeiten.
> You say: Er hätte gestern eigentlich arbeiten müssen.

13.6 Listen and repeat (Patterns, group 8).

> [8]   Ich fahre in irgendeinen Badeort an der See, aber ich werde nicht lange bleiben.
>
> Bis Sie zurückkommen, Herr Direktor, werden wir das Büro neu eingerichtet haben.
>
> Wenn diese Perlen so teuer sind, werden sie wohl echt sein.
>
> Er wird Schwierigkeiten mit seinem Caravan gehabt haben; sonst hätte er von hier bis nach Mailand keine drei Tage gebraucht.

13.7 Listen and repeat (Patterns, group 9-11).

> [9]   Aber du kannst doch nicht den ganzen Tag schlafen!
>
> Warum denn nicht? Ich habe die ganze Nacht nicht geschlafen.
>
> Meyer war krank und hat lange nicht arbeiten können.
>
> Heute haben wir nicht lange arbeiten können.
>
> Du brauchst nicht auf dem Sofa zu schlafen. Wir haben ein Bett für dich.
>
> Ich kann in diesem Bett einfach nicht schlafen. Es ist zu kurz.
>
> Geschlafen habe ich. Aber ich habe nicht gut geschlafen.

> [10]   Ich wartete nicht auf Inge. Ich wartete auf Erika.
>
> Ich wartete damals nicht auf Inge, sondern auf Erika.
>
> Ich habe nicht auf Inge, sondern auf Erika gewartet.
>
> Ich habe nicht auf Inge gewartet, sondern auf Erika.
>
> Nicht auf Inge, sondern auf Erika habe ich gewartet.
>
> Du weißt doch, daß ich nicht auf Inge, sondern auf Erika gewartet habe.
>
> Du weißt doch, daß ich nicht auf Inge gewartet habe, sondern auf Erika.
>
> Er ist gestern nicht nach Berlin, sondern nach Hamburg gefahren.
>
> Er ist nicht gestern, sondern erst heute nach Berlin gefahren.
>
> Er ist nicht gestern nach Berlin gefahren, sondern erst heute.
>
> Er ist gestern nicht nach Berlin gefahren, sondern nach Hamburg.
>
> Wir sind gestern nicht nach Hamburg geflogen, sondern gefahren.

> [11]   Wer mag das wohl gewesen sein? Es könnte entweder Liselotte oder Hannelore gewesen sein.
>
> Er kommt entweder überhaupt nicht, oder sein Zug hat Verspätung.
>
> Entweder fahren wir in die Berge, oder wir fahren an die See. Wir wissen es noch nicht.
>
> Herr Meyer trinkt weder Kaffee noch Tee.
>
> Ich habe ihn weder besuchen können, noch hatte ich Zeit, ihn anzurufen.
>
> Weder Meyer noch Kunz konnte damals nach Berlin fahren.

13.8 Dictation.

13.9 Listen and repeat (Patterns, group 12).

[12] Hätten wir uns dieses Wochenendhaus nicht gekauft, dann könnten wir jetzt
         jeden Sommer nach Italien fahren.
       Hättest du mir doch nur geschrieben, daß du Geld brauchtest! Du weißt doch,
         daß ich dir gerne geholfen hätte.
       Hätte ich doch nur gewußt, daß Monika krank war! Ich hätte sie gerne besucht.

13.10 Change the following statements to wishes contrary to fact, using either *doch nur* or
       doch nur nicht.

       You hear: Er ist gekommen.
       You say: Wäre er doch nur nicht gekommen!

13.11 Listen and repeat (Patterns, group 13).

[13] Wir waren ja sonst immer in Italien, aber dieses Mal wollen wir in den Ferien
         an die Nordsee.
       Was ist nur mit Hans los? Der ist doch sonst nicht so unhöflich.
       Herr Hanfstängl ist noch im Büro, aber sonst ist niemand mehr da.
       Hat sonst noch jemand angerufen?
       Erika muß mitgehen, sonst bleibe ich zu Hause.
       Er flüchtete, sonst hätte man ihn verhaftet.
       Sie sind leider umsonst gekommen; der Herr Doktor is heute nicht da.
       Wenn das Kind noch keine zwei Jahre alt ist, fährt es umsonst.
       Umsonst ist nur der Tod. (Sprichwort)

13.12 Conversations I-IV.

13.13 Reading.

       Woher wußten Sie denn, daß ich Amerikanerin bin?
       Mathias Schreiber: Demokratie.
       Arnfrid Astel: Ostkontakte.
                       Grünanlage.

UNIT 14

14.1 Listen and repeat (Patterns, group 1).

[1] Ich habe mich schon bedient.
      Hast du dich schon bedient?
      Er hat sich schon bedient.
      Wir haben uns schon bedient.
      Habt ihr euch schon bedient?
      Sie haben sich schon bedient.

      Er hat mir ein Auto gekauft.
      Er hat sich ein Auto gekauft.

      Sie haben uns ein Haus gebaut.
      Sie haben sich ein Haus gebaut.

      Er konnte es mir einfach nicht erklären.
      Er konnte es sich einfach nicht erklären.

      Ich halte ihn für dumm, aber er hält sich für sehr intelligent.
      Hat er den Porsche für *sich* gekauft oder für seinen Sohn?
      Tante Amalie war ganz außer sich, weil sie keinen Pfennig Geld bei sich hatte.

14.2 Change the following sentences to the first person.

You hear: Er will sich ein Haus bauen.
You say: Ich will mir ein Haus bauen.
or you hear: Er hat sich schon gebadet.
and you say: Ich habe mich schon gebadet.

14.3 Listen and repeat (Patterns, groups 2-4).

[2]   Das weiß ich selbst.
      Ihrer Frau geht es also wieder gut—und wie geht es Ihnen selbst?
      Ich wollte eigentlich Herrn Meyer nach Berlin schicken; aber ich fahre doch besser
         selber hin.
      Ich habe nicht mit Meyers Frau gesprochen; ich habe mit ihm selbst gesprochen.
      Meine Frau hat nicht mit ihm gesprochen; ich habe selbst mit ihm gesprochen.

      Kaufen Sie Ihr Fleisch doch im Supermarkt; da können Sie sich selbst bedienen.
      Dabei brauchst du mir nicht zu helfen; das kann ich selber machen.
      Muß ich denn jeden Morgen zuerst aufstehen? Kannst du dir das Frühstück nicht
         mal selber machen?

      Er selbst ist ja ganz nett; aber mit seiner Mutter könnte ich nicht leben.
      Andere hat er gerettet, aber sich selbst kann er nicht retten.
      Uns schickt Vater jeden Sonntag in die Kirche, aber er selber bleibt zu Hause
         und liest die Zeitung.

      Ich habe selber kein Geld.
      Ich habe auch kein Geld.
      Ich kann dir nicht helfen; ich habe selber viel zu tun.

[3]   Selbst (sogar, auch) das ist ihm zu viel.
      Selbst (sogar, auch) Herrn Dr. Müller, der sonst immer da ist, konnte ich diesmal
         nicht sprechen; der war auch in Berlin.
      In Berlin sprechen selbst (sogar, auch) kleine Kinder Deutsch.
      Selbst (sogar, auch) von seiner Frau läßt er sich nichts sagen.

[4]   Hat er sie zuerst geküßt oder hat sie ihn zuerst geküßt?—Das weiß ich nicht. Aber
         es ist sicher, daß sie sich geküßt haben.
      Wo haben Sie einander denn kennengelernt?—Bei Tante Amalie. Vorher hatten
         wir uns noch nie gesehen.
      Im Sommer hat er ihr das erste Mal geschrieben, und seitdem schreiben sie sich
         jede Woche zweimal, und mindestens einmal im Monat rufen sie sich an.
      Heute abend gehe ich mit ihr ins Theater.—Wo triffst du sie denn?—Wir treffen
         uns am Bahnhof.

14.4 Dictation.

14.5 Listen and repeat (Patterns, groups 5-8).

[5]   Hast du den Kleinen schon angezogen?
      Der kann sich doch jetzt schon selbst anziehen; den brauche ich nicht mehr
         anzuziehen.
      Ich bin schon angezogen, Mutti; ich habe mich selber angezogen.

      Beruhigen Sie sich, Frau Meyer, Ihrem Mann ist nichts passiert. Ich habe gerade
         eben mit ihm telefoniert.
      Gottseidank; ich war ja so beunruhigt.
      Na, sehen Sie, es ist ja alles in Ordnung, und Sie können ganz beruhigt sein.
      Daß Sie mit ihm telefoniert haben, beruhigt mich sehr.

      Ich glaube, Sie sitzen auf meinem Platz.
      Oh, entschuldigen Sie, Sie haben recht.

Oh, Entschuldigung, Sie haben recht.
Oh, ich bitte um Entschuldigung.

Entschuldigen Sie, daß ich so spät komme.
Sie brauchen sich gar nicht zu entschuldigen, bei dem Regen ist das ja kein
    Wunder.—Aber wo ist denn Herr Schneider?
Schneider kommt nicht; er ist entschuldigt; er mußte nach Berlin.
Entschuldigen Sie mich bitte noch einen Augenblick, bevor wir anfangen, ich muß
    eben noch mal telefonieren.

Und dann hat er gesagt: „Ich hoffe, ich langweile Sie nicht."
Wenn der nur gewußt hätte, wie sehr wir uns gelangweilt haben.
War er wirklich so langweilig? Ich muß sagen, ich habe mich in seiner Vorlesung
    eigentlich nie gelangweilt.

[6] Der Meyer ist wirklich ein Dummkopf. Ich habe mich gestern abend furchtbar
    über ihn geärgert.
Ich ärgere mich immer darüber, daß er so spät kommt. Gestern abend kam er
    erst um halb neun.

Kannst du dich nicht mal ein bißchen beeilen? Wir müssen in zehn Minuten hier
    wegfahren, sonst verpassen wir den Zug.
Ich eile mich doch. Ich muß nur eben noch eine Postkarte an Tante Amalie
    schreiben.

Was, Meyer soll Generaldirektor geworden sein? Bist du sicher, daß du dich
    da nicht irrst?
Ich weiß, Irren ist menschlich, aber ich irre mich bestimmt nicht; ich habe
    nämlich gerade einen Brief von ihm bekommen.

Ich habe mich doch gestern abend über den Fritz gewundert. Daß der gar nichts
    gesagt hat! Früher hat er immer zu viel geredet.
Ich würde mich nicht wundern, wenn er überhaupt nicht mehr zu unserem
    Stammtisch käme.

[7] Fridolin ist schon wieder verliebt.
In wen hat er sich denn diesmal verliebt?—In eine Studentin.

Weißt du, daß die Emma sich mit einem Zahnarzt verlobt hat?
Ich dachte, die wäre schon lange verlobt. Wie heißt denn ihr Verlobter?—Klaus,
    —Meyer oder Müller oder so irgendetwas. Und nächsten Sonntag sollen wir zu
    ihr kommen und Verlobung feiern.

Ich höre, Ihre Tochter will sich verheiraten.
Nein, sie hat schon geheiratet,—gestern vor vierzehn Tagen.
Oh, herzlichen Glückwunsch. Mit wem ist sie denn verheiratet?
Mit einem Jungen, mit dem sie schon zusammen auf dem Gymnasium war.

Seit ich von Hans geschieden bin, habe ich viel mehr Zeit für mich selbst, und
    für die Kinder.
Aber damals sagtest du doch immer, du wolltest dich auf keinen Fall scheiden
    lassen, gerade wegen der Kinder.
Das stimmt; aber nach der Scheidung wußte ich plötzlich, daß es so doch besser war.

[8] Reg dich doch nicht so furchtbar auf.
Aber ich bin doch gar nicht aufgeregt.

Du solltest dich wirklich einmal gut ausruhen.
Aber ich habe doch heute morgen bis zehn geschlafen und bin ganz ausgeruht.

Ich freue mich auf eure Party am nächsten Sonntag.
Ich habe mich wirklich darüber gefreut, daß du an meinen Geburtstag gedacht
    hast.

Ich dachte, ich könnte mich nie an dieses Klima gewöhnen, aber jetzt bin ich
    doch daran gewöhnt.

Ich habe ihn fast nicht erkannt, so sehr hat er sich verändert.
Das stimmt. Seit dem Tod seiner Frau ist er ganz verändert.

Haben Sie sich auch gut vorbereitet?
Ja, Herr Professor, ich glaube, ich bin gut vorbereitet.

Na, hast du dich gut erholt?
Ich bin so gut erholt wie noch nie.

Bei Schmidts war es gestern abend so kalt, daß ich mich erkältet habe.
Hannelore ist auch erkältet. War die auch bei Schmidts?

Ich muß mich noch rasieren, bevor wir zu Erdmanns gehen; wenn ich nicht
  gut rasiert bin, fühle ich mich einfach nicht wohl.

14.6 Listen and repeat (Patterns, group 9).

[9]   Wer sitzt denn da bei euch am Tisch?—Den kenne ich auch nicht. Der hat sich
        einfach an unseren Tisch gesetzt.
      Nein, unter diesen Brief setze ich meinen Namen nicht.
      Ich wollte mich gerade in die erste Reihe setzen, als ich sah, daß Frau Meier da
        saß; und da habe ich mich in die letzte Reihe gesetzt.
      Wer steht denn da bei Frau Schmidt? Ist das nicht Dr. Gerhardt?
      Diese amerikanischen Cocktailparties machen mich wirklich müde. Ich habe
        stundenlang stehen müssen und war froh, als ich mich endlich setzen konnte.
      Ich habe den Wein auf den Tisch gestellt.
      Bitte, gnädige Frau, wie wäre es, wenn Sie sich hier auf diesen Stuhl setzten?
        Und Sie stellen sich links neben Ihre Frau, Herr Doktor. Und der Kleine
        kann rechts von Ihrer Frau stehen.—So, und jetzt bitte recht freundlich!
      In der Zeitung steht, daß Ingelheim spurlos verschwunden ist.—Auf welcher
        Seite steht das denn?
      Ich hatte mich gerade ins Bett gelegt, als Erich anrief. „Liegst du etwa schon
        im Bett?" sagte er.
      Ich lag noch nicht lange im Bett, als Erich anrief. „Hast du dich etwa schon
        ins Bett gelegt?" sagte er.
      Wo hast du denn mein Buch hingelegt?—Ich habe es auf deinen Schreibtisch
        gelegt. Liegt es denn nicht mehr dort?
      Köln liegt am Rhein. Wolframs-Eschenbach liegt in der Nähe von Nürnberg.

14.7 You will hear ten sentences containing *sitzen, stehen, liegen.* Restate these sentences using
the perfect or pluperfect of *sich setzen, sich stellen, sich legen.*

        You hear: Sie liegt schon im Bett.
        You say: Sie hat sich schon ins Bett gelegt.

14.8 Listen and repeat (Patterns, groups 10-12).

[10] Darf ich mich vorstellen? Ich bin Dr. Ingelheim.
      Gnädige Frau, darf ich Ihnen Herrn Dr. Ingelheim vorstellen?
      Ich kann mir nicht vorstellen, daß Ingelheim Soldat gewesen ist.
      Ich hatte mir das alles viel leichter vorgestellt.

      Du kannst dir gar nicht denken, wie ich mich darauf freue, Dich endlich wieder-
        zusehen.
      Ich habe mir gar nichts dabei gedacht, als ich sie fragte, wie es ihrem Mann ginge.
        Wie konnte ich denn wissen, daß sie geschieden ist?

      Ich überlege mir oft, ob es nicht besser wäre, wenn wir nach Heidelberg zögen.
      Wie wäre es, wenn Sie auch in die Stadt zögen?—Das muß ich mir erst noch
        überlegen.

Ich wollte mir den Hitchcock Film eigentlich gar nicht ansehen; aber du kennst
ja Tante Amalie. Sie interessiert sich nur noch für Hitchcock und Picasso.
Schau dir das an! Da kommt Edith Maschke mit ihrem neuen Freund.— Die hat
sich ja ganz verändert! Seit wann ist sie denn blond?

[11] Ich putze mir die Zähne.
Sie schneidet sich die Haare selber.
Willst du dir nicht die Schuhe putzen?
Kinder, habt ihr euch schon die Hände gewaschen?
Er hat sich den Arm gebrochen.
Er hat sich in den Finger geschnitten.

[12] Es freut mich, daß es Ihnen bei uns gefallen hat.
Es ärgert mich, daß Meyer in der Oper immer zu spät kommt.
Es wundert mich, daß Erika immer noch nicht geschrieben hat.

Worum handelt es sich denn eigentlich?
Es handelt sich um ein wichtiges Problem.
Mein Vater hat mit Diamanten gehandelt.
Wovon handelt dieser Roman denn?
Ich hatte keine Zeit, darüber nachzudenken; ich mußte sofort handeln.

14.9 Conversations I-VIII.

14.10 You will hear ten assertions or questions with reflexives. Restate these sentences by
using the subject indicated.

You hear: Hat er sich schon die Hände gewaschen? (Du)
You say: Hast du dir schon die Hände gewaschen?

14.11 You will hear nine sentences in the perfect tense. Restate these sentences in the statal
present, that is, use a form of *sein* plus a participle.

You hear: Ich habe mich verliebt.
You say: Ich bin verliebt.

14.12 You will hear ten sentences in the statal present. Restate these sentences in the perfect,
using reflexives.

You hear: Ich bin schon daran gewöhnt.
You say: Ich habe mich schon daran gewöhnt.

14.13 Reading.

Franz Kafka: Gibs Auf!
Aus deutschen Zeitungen.

UNIT 15

15.1 Listen and repeat (Patterns, groups 1-5).

[1] Der neue Direktor hieß Bodenstein.
Ein junger Mann wartete auf ihn.
Die junge Frau hieß Petra.
Eine junge Frau stand neben ihm.
Das kleine Mädchen hieß auch Petra.
Petra war noch ein kleines Mädchen, als ich sie kennenlernte.
Mein lieber Vater!
Meine liebe Mutter!
Mein liebes Kind!

Lieber Vater!
Liebe Mutter!
Liebes Kind!
Das ist wirklich ein guter Wein!
Guter Wein ist teuer.
Klare Fleischsuppe ist eine Spezialität unseres Hauses.
Eine gute Suppe gehört zu jeder Mahlzeit.
Unsere italienische Gemüsesuppe ist auch nicht schlecht.
Frisches Obst ist immer gut.
Das italienische Obst ist nicht mehr so teuer wie früher.
Ich empfehle Ihnen Dortmunder Union; das ist ein gutes Bier.

[2]   Hast du den alten Mann gesehen?
Nein, einen alten Mann habe ich nicht gesehen.
Ich kenne die junge Dame leider nicht.
Ich habe das junge Mädchen lange nicht gesehen.
Schmidts haben gestern ein kleines Mädchen bekommen.
Nehmen Sie ein heißes Bad und gehen Sie früh ins Bett.

[3]   Mit dem alten Wagen fahre ich aber nicht an den Bodensee.
Was soll ich denn mit einem alten Wagen?
Wir wohnten damals in einer kleinen Stadt.
Wir wohnten damals in einem kleinen Städtchen an der Elbe.
Ingrid ist aus guter Familie.

[4]   Ingrid war die Tochter eines bekannten Architekten in Berlin.
Der Besuch der alten Dame ist ein Stück von Dürrenmatt.
Wegen des schlechten Wetters konnten wir in Frankfurt nicht landen.
Innerhalb eines einzigen Tages verkauft unsere Firma oft zwanzig bis
     fünfundzwanzig Wagen.
Außerhalb der inneren Stadt gibt es noch viel offenes Land.

[5]   Die jungen Leute gehen ins Kino.
Unsere deutschen Freunde wohnen in Freiburg.
Liebe Eltern!
Petra ist die Mutter der beiden Kinder.
Eines der kleinen Mädchen hieß Petra.
Was halten Sie von den italienischen Autos?
Für seine neuen Brieftauben hat Ingelheim viel Geld bezahlt.
Niemand liest seine letzten Romane.
Er brachte ihr rote Rosen.
Sie hat zwei intelligente Kinder.

15.2 You will hear six short sentences containing a noun in the singular, preceded by an adjective.
Restate the sentences, changing adjectives and nouns to the plural.

You hear: Wer wohnt denn in diesem alten Haus?
You say: Wer wohnt denn in diesen alten Häusern?

15.3 Dictation.

15.4 The following sentences contain an adjective and a noun in the plural. Restate the sentences
in the singular.

You hear: Was soll ich denn mit diesen alten Büchern?
You say: Was soll ich denn mit diesem alten Buch?

15.5 You will hear ten sentences with *ein*-words. Change from singular to plural.

You hear: Da drüben steht ein modernes Bürohaus.
You say: Da drüben stehen moderne Bürohäuser.

15.6 The following sentences contain plural nouns. Change to the singular by using the appropriate form of an *ein*-word.

      You hear: Nur reiche Ausländer können so etwas kaufen.
      You say: Nur ein reicher Ausländer kann so etwas kaufen.

15.7 Listen and repeat (Patterns, groups 6-8).

    [6]   Der blonde junge Mann da drüben heißt Kleinholz.
          Zuerst kam ein blonder junger Mann aus dem Haus.
          Die blonde junge Dame ist seine Frau.
          Zuerst kam eine blonde junge Dame aus dem Haus.
          Das kleine blonde Mädchen hieß Petra.
          Vor dem Haus saß ein blondes kleines Mädchen.
          Die Eltern des netten jungen Mannes kamen aus Leipzig.
          Mit deinem alten grauen Mantel kannst du doch nicht nach Baden-Baden fahren.
          Ich nehme an, Sie kennen den netten jungen Mann da drüben.
          Die hellen, kurzen Sommernächte Norwegens hat er nie vergessen können.
          Helle kurze Sommernächte wie in Norwegen gibt es in Afrika nicht.
          Mit seinen langen, sentimentalen Romanen hat er viel Geld verdient.

    [7]   Bei diesem schlechten Wetter bleibe ich zu Hause.
          Welche deutschen Städte haben Sie denn gesehen?
          Jeder junge Mensch sollte einmal ein Jahr lang im Ausland leben.
          Von hier aus fährt jede halbe Stunde ein Zug nach Stuttgart.
          Dort haben wir schon manchen schönen Tag verbracht.
          Mancher von den jungen Soldaten wußte gar nicht, wofür er kämpfte.

    [8]   So einen guten Freund finde ich so bald nicht wieder.
          Wie kann ein so intelligenter Mensch nur so blöd sein!
          Für einen so alten Wagen bekommst du bestimmt keine tausend Mark.
          Für solch einen Wagen muß man mindestens zwanzigtausend Mark bezahlen.
          Ich wußte gar nicht, daß er noch so kleine Kinder hat.
          Solche Kinder wie die möchte ich auch haben.

15.8 Listen and repeat (Patterns, group 9). You will hear only those portions of this group that are reprinted in the Study Guide.

    [9]   Am ersten und zweiten Februar waren wir in Berlin, am dritten und vierten in
            Hamburg und vom fünften bis zum zehnten in Bonn.
          Berlin, den 1.2.1978 (den ersten Februar 1978)
          Hamburg, 8.9.77 (den achten September 1977)

          Und hier, meine Damen und Herren, sehen Sie ein Bild von Herzog August III.,
            der, wie Sie wissen, der Vater Sigismunds II. war. Seine Frau Mechthild, eine
            Tochter Augusts V. von Niederlohe-Schroffenstein, soll die schönste Frau
            ihrer Zeit gewesen sein.

          Nein, nach Italien fahren will ich nicht. Erstens habe ich kein Geld, zweitens
            habe ich keine Lust, drittens mag ich Meyers nicht, und viertens ist meine
            Frau dagegen.

          Nein, soviel kann ich nicht essen. Die Hälfte davon ist mehr als genug.

          Hat Tante Amalie schon ihr Testament gemacht?—Ja, und ein Drittel von ihrem
            Geld bekommt das Museum.

          Seine Frau erhielt zwei Drittel seines Vermögens, und das dritte Drittel ging
            an seine beiden Söhne.

          Ich hätte gerne ein halbes Pfund Butter.
          Geben Sie mir bitte ein viertel Pfund Schinken.

15.9 Listen and repeat (Patterns, groups 10-11).

[10]   Haben Sie einen Bruder?
        Haben Sie keinen Bruder?
        Haben Sie nicht einen Bruder?
        Haben Sie nicht einen Bruder?

        Ist Manfred Schmidtke nicht ein netter junger Mann?
        Habe ich nicht einen intelligenten Sohn?
        Ist sie nicht ein hübsches Mädchen?
        Warst du nicht gestern abend mit Inge im Kino?
        Haben Sie nicht früher bei der Hansa-Bank gearbeitet?
        Bin ich nicht schon immer dagegen gewesen?
        Hat nicht unsere Partei seit Jahren immer wieder bewiesen, daß sie allein den
            Weg weiß in eine bessere Zukunft?

[11]   Ich fahre sofort hin.   Er kommt sofort her.
        Kannst du hinfahren?   Kannst du herkommen?
        Ich bin sofort hingefahren.   Er ist sofort hergekommen.
        Ich brauche nicht hinzufahren.   Er braucht nicht herzukommen.
        Wer hat dich denn dahingebracht?   Wer hat dich denn hierhergebracht?
        Wie bist du denn dahingekommen?   Wie bist du denn hierhergekommen?
        Sie fahren nach Tirol? Dahin fahre   Sie kommen aus Tirol? Daher komme
            ich auch.   ich auch.

        Weißt du was? Rosemarie hat vorhin angerufen.
        Ich war vorhin bei Schmidts.
        Diese Uhr hier ist hin,—die ist kaputt.
        Meine Ruh' ist hin, mein Herz ist schwer. (Goethe)

        Wohin gehst du denn?   Wo gehst du denn hin?
        Woher kommst du denn?   Wo kommst du denn her?

        Wohin ist er denn gegangen?   Wo ist er denn hingegangen?
        Woher ist er denn gekommen?   Wo ist er denn hergekommen?

        Dahin gehe ich auch.   Da gehe ich auch hin.
        Daher komme ich auch.   Da komme ich auch her.

        Die Titanic ist untergegangen.   Ich gehe ins Eßzimmer hinunter.
        Die Sonne geht unter.   Er kommt sofort herunter.
        Wo seid ihr denn untergekommen?   Ist er schon heruntergekommen?
        Das Licht ist ausgegangen.   Er ist gerade hinausgegangen.
        Die Sonne geht auf.   Herr Doktor Schmidt ist schon
                                                         hinaufgegangen.
        Ich konnte ihn nicht mehr einholen.   Hast du die Zeitung schon hereingeholt?
        Mit zweihundert Mark im Monat   Ich habe ihn noch nicht herauskommen
            kann ich nicht auskommen.   sehen.

        Er kam aus dem Haus heraus.
        Er ging ins Haus hinein.
        Wir fahren durch den Panamakanal hindurch.
        Wir stiegen auf den Berg hinauf.
        Er sprang über den Zaun hinüber.

15.10 Conversations I-VI.

15.11 Reading.

        Erich Kästner: Die Entwicklung der Menschheit.
        Bertolt Brecht: Freundschaftsdienste.

UNIT 16

16.1 Listen and repeat (Patterns, groups 1-2).

[1] Bitte bleiben Sie doch sitzen, Herr Schmidt.
Ich glaube, Fritzchen Meyer bleibt wieder sitzen.—Wirklich? Er ist doch vor
zwei Jahren erst sitzengeblieben.
Du brauchst noch nicht aufzustehen; du kannst noch liegen bleiben.
Wem gehört denn das Buch da?—Das weiß ich nicht; es ist gestern abend hier
liegengeblieben.
Meine Uhr ist gestern abend plötzlich stehengeblieben.
Bitte gehen Sie weiter; Sie dürfen hier nicht stehenbleiben.

Wie wäre es, wenn wir jetzt essen gingen?
Andreas ist auch schon essen gegangen.
Können wir bald essen gehen?
Du brauchst doch nicht schon wieder essen zu gehen; du hast doch gerade erst
gefrühstückt.
Wie wär's denn, wenn wir Sonntag baden gingen?

Ingelheim kannte ich schon vor dem Kriege, aber seine Frau lernte ich erst kennen,
als er mit ihr nach München zog.
Ingelheim kenne ich schon lange, aber seine Frau habe ich leider noch nicht
kennengelernt. Ich möchte sie gerne kennenlernen.

Sein Urgroßvater war sehr intelligent, aber er hatte nie lesen gelernt.
Viele Kinder lernen schon mit fünf Jahren lesen.
Bevor Sie nach Kalifornien gehen, müssen Sie unbedingt Auto fahren lernen.
Es wäre besser, wenn Sie Auto fahren gelernt hätten.

[2] Ich hörte ihn gestern abend nach Hause kommen.
Ich habe ihn gestern abend nach Hause kommen hören.
Ich habe ihn gehört, als er gestern abend nach Hause kam.
Wir sahen sie in Berlin die Desdemona spielen.
Wir haben sie die Desdemona spielen sehen.

16.2 You will hear ten sentences. In the pauses, change these sentences to the perfect. You will
then hear the correct transformations.

You hear: In Zürich lernten wir viele Amerikaner kennen.
You say: In Zürich haben wir viele Amerikaner kennengelernt.

16.3 Dictation.

16.4 Listen and repeat (Patterns, group 3).

[3] Heute regnet es bestimmt nicht. Deinen Regenmantel kannst du zu Hause
lassen.
Heute regnet es bestimmt nicht. Du hättest deinen Mantel zu Hause lassen
können.
Bitte lassen Sie mich jetzt allein.
Ich wollte, er ließe mich in Ruhe.
Jetzt habe ich schon wieder meinen Mantel im Hotel hängenlassen.
Und wo ist deine Handtasche?—Die habe ich bei Tante Amalie auf dem Tisch
stehenlassen.
Und deine Handschuhe hast du wohl auch irgendwo liegenlassen?

Ich lasse dich nicht nach Berlin fahren.
Ich habe ihn *doch* nach Berlin fahren lassen.
Ich wollte, ich hätte ihn nicht nach Berlin fahren lassen.
Du kannst mich doch nicht ohne Geld nach Berlin fahren lassen.

Wir ließen den Arzt kommen.
Lassen Sie mich das mal sehen!
Lassen Sie mich doch erst meinen Kaffee trinken!
Lassen Sie den Meyer diese Arbeit machen.

Wir lassen gerade unser Dach reparieren.
Wir müssen unser Auto reparieren lassen.
Wir haben den Motor noch nie reparieren lassen müssen.
Mein Freund Egon muß sich operieren lassen.

Ich habe ihm ein Telegramm schicken lassen.
Ich habe ihm sagen lassen, daß er mich morgen anrufen soll.
Frau Lenz hat sich einen Mantel machen lassen.
Ich lasse mir eine Tasse Kaffee aufs Zimmer bringen.
Warum hat sie sich das Frühstück denn nicht aufs Zimmer bringen lassen?

Wo hast du dir die Haare schneiden lassen?
Ich lasse mir immer die Haare von meiner Frau schneiden.
François? Nein, von dem lasse ich mir nie wieder die Haare schneiden.
Wir lassen unseren Kindern von Overhoff ein Haus bauen.
Wir lassen uns von Overhoff ein Haus bauen.
Früher haben wir uns immer die Brötchen vom Bäcker ins Haus schicken lassen.
Ich lasse meine Frau von Dr. Meinecke operieren.
Petra läßt sich von ihrem Mann verwöhnen.
Ich ließe mich auch gerne von dir verwöhnen!

Jeden Abend verließ Meyer sein Büro um 5 Uhr 30.
Frau Meyer hatte nie erwartet, daß Gustav sie je verlassen würde.
Ich kann nur bis acht Uhr bleiben; dann muß ich gehen.
Fritz ist nicht mehr hier; er ist schon gegangen.

16.5 Listen and repeat (Patterns, groups 4-5).

[4] Es fing an zu regnen.
Als es anfing zu regnen, gingen wir nach Hause.
Es hat angefangen zu regnen.
Es fing an, sehr stark zu regnen.
Als es anfing, sehr stark zu regnen, gingen wir nach Hause.
Kannst du nicht endlich aufhören zu arbeiten?
Weil ich vergessen hatte, ihm zu schreiben, kam er nicht zum Bahnhof.
Hast du denn nicht versucht, sie anzurufen?

Er schlug mir vor, an die Nordsee zu fahren.
Wenn Sie mir nicht vorgeschlagen hätten, an die Nordsee zu fahren, hätte
    ich meinen Mann nie kennengelernt.
Ich rate dir, nicht mehr so viel zu rauchen.
Wir erlauben unseren Kindern nicht, jede Woche zweimal ins Kino zu gehen.
In Deutschland ist es verboten, im Kino zu rauchen.
Niemand kann mir befehlen, einen Mann zu heiraten, den ich nicht liebe.

[5] Inge war froh, ihren Mann wiederzusehen.
Ich wußte, Inge wäre froh gewesen, ihren Mann wiederzusehen.
Ich bin immer bereit gewesen, ihm zu helfen.
Ich war sehr erstaunt, Erich so bald wiederzusehen.

16.6 You will hear ten sentences in the past indicative. In the pause, restate the sentences in the
past subjunctive, starting with *Er sagte*.

You hear: Von der Stadt war nichts zu sehen.
You say: Er sagte, von der Stadt wäre nichts zu sehen gewesen.

16.7 You will hear ten sentences with an infinitive with *zu* in the end field. Change these sentences to the perfect.

> You hear: Es fing an zu regnen.
> You say: Es hat angefangen zu regnen.

16.8 Listen and repeat (Patterns, group 6).

> [6] Ich denke nicht daran, mit Inge schwimmen zu gehen.
> Du weißt doch, daß ich gar nicht daran denke, mit Inge schwimmen zu gehen.
> Ich habe ja gar nicht daran gedacht, mit Inge schwimmen zu gehen.
> Ich hätte nie daran gedacht, mit Inge schwimmen zu gehen.

16.9 Restate the following pairs of sentences, starting with the second one, which contains a *da*-compound, and transform the first one into an infinitive phrase.

> You hear: Ich soll mit ihm ins Theater gehen.
> Er hat mich dazu eingeladen.
> You say: Er hat mich dazu eingeladen, mit ihm ins Theater zu gehen.

16.10 Listen and repeat (Patterns, group 7).

> [7] Wir bleiben heute zu Hause, um endlich einmal arbeiten zu können.
> Wir bleiben heute zu Hause, damit mein Mann endlich einmal arbeiten kann.
> Ohne auch nur einen Augenblick nachzudenken, gab er die richtige Antwort.
> Mit Meyer kann man nie sprechen, ohne daß Müller dabei ist.
> Hast du schon wieder die ganze Nacht gelesen, statt zu schlafen?
> Statt daß man Meyer nach Berlin geschickt hätte, muß ich schon wieder fahren.

16.11 Dictation.

16.12 Listen and repeat (Patterns, groups 8 and 10).

> [8] Sie ist so alt wie ich.
> Sie ist älter als ich.
> Hier ist es so kalt wie in Hamburg.
> Hier ist es kälter als in Hamburg.
> Leider ist sie nicht so jung wie er.
> Leider ist er jünger als sie.
> Hier ist es nicht so warm wie bei euch.
> Bei euch ist es viel wärmer als bei uns.
> Die Alpen sind nicht so hoch wie die Sierras.
> Die Sierras sind höher als die Alpen.
> Ingelheim ist nicht ganz so interessant wie Thomas Mann.
> Thomas Mann ist etwas interessanter als Ingelheim.
> Du bist doch nicht so groß wie ich.
> Doch, ich bin größer als du.
> Das Bier hier ist wirklich gut.
> Ja, aber das Bier in München ist noch besser.
> Tante Dorothea redet genau so viel wie Tante Amalie.
> Nee, nee, die redet noch mehr als Tante Amalie, noch viel mehr.
> Hier ist das frische Obst nicht so teuer wie bei uns.
> Bei uns ist das Obst viel teurer als bei euch.
> Inges Haar war schon immer so dunkel wie meins.
> Aber seit sie vierzig ist, wird es immer dunkler.
> Möchtest du dir gern den Faustfilm ansehen?
> Nein, ich ginge viel lieber in einen Wildwestfilm.

[10] Sie können natürlich mehr Geld ausgeben, aber es ist nicht sicher, ob Sie einen
        besseren Waschautomaten bekommen.
    Gesünder und darum besser ist ein Cottona-Hemd.
    Sie sollten nicht weniger für ihr Geld verlangen.
        Sie sollten mehr verlangen: Ein VW ist der beste Kauf.
    Cinzano on the rocks: der beste Anfang einer guten Sache.
    Was trinken Sie am liebsten, wenn Sie mit Ihrer Frau abends fernsehen?
        Natürlich Löwenbräu.
    Wie gern essen wir ein Steak. Noch lieber ist es uns mit einem Schuß Ketchup. Am
        liebsten essen wir es aber mit Thomy's Tomaten-Ketchup. Es gehört zu den neun
    Thomy's Delikatessen.
    Statt für jeden etwas, etwas Besonderes für alle: Triumpf, die beste Schreibmaschine.
    Jede moderne Frau weiß, wie man sich interessanter macht. Die interessantesten
        Frauen tragen Elastiform.

16.13 Reading.

    Peter Handke: Zugauskunft.
    Erich Kästner: Das Eisenbahngleichnis.

UNIT 17

17.1 Listen and repeat (Patterns, groups 1-3).

[1] In dem Zimmer lag ein Toter.
    Die Polizei fand einen Toten im Zimmer.
    Kein Mensch wußte, wer der Tote war.
    Wer ist denn die Blonde da drüben?
    Der junge Deutsche auf Zimmer Eins ist erst gestern angekommen.
    Auf Zimmer Eins wohnt ein junger Deutscher.
    John wohnt mit einem jungen Deutschen auf Zimmer Eins.
    Den jungen Deutschen habe ich noch nicht kennengelernt.
    Auf Zimmer Eins wohnen zwei junge Deutsche.
    Die beiden jungen Deutschen habe ich noch nicht kennengelernt.
    Er spricht ein gutes Deutsch.
    Sie haben recht, er spricht wirklich gut Deutsch.
    Auf Wiedersehen, und alles Gute.
    Er hat viel Gutes getan.
    Könnte ich noch etwas Warmes zu essen bekommen?
    Ich habe etwas sehr Schönes erlebt.
    Ich hoffe, ich habe nichts Wichtiges vergessen.

[2] Es war nicht leicht, in einer zerstörten Stadt zu leben.
    Er kam mit einem gebrochenen Bein vom Schilaufen zurück.
    Sie kam mit gebrochenem Herzen vom Schilaufen zurück.
    Er war bei uns immer ein gern gesehener Gast.
    Erich Merkle ist ein guter Bekannter von uns.
    Frau Merkle ist eine gute Bekannte von meiner Frau.
    Haben Sie Bekannte hier in der Stadt?
    Haben Sie Verwandte in Westfalen?
    Otto Müller ist ein Verwandter von mir.
    Heidi ist eine entfernte Verwandte von mir.
    Das ist der amerikanische Gesandte.
    Sein Vater war ein hoher Beamter bei der Bundesregierung.
    Alle deutschen Lehrer sind Beamte.
    Hier auf der Post arbeiten über hundert Beamtinnen.
    Auch Frau Meyer ist eine Beamtin.

[3] Wer war denn der gut aussehende junge Mann gestern abend?
Er hatte so ein gewinnendes Lächeln.

Alles um sich her vergessend, saßen sie mit klopfendem Herzen unter der
blühenden Linde; und ihre vielsagenden Blicke aus leuchtenden Augen
sagten mehr als ihre zurückhaltenden Worte.

17.2 You will now hear short sentences each containing a noun. After each sentence, you will
hear an adjective without an ending. Repeat the sentence and insert the adjective with the
proper ending.

You hear: Zu Hause wartete ein Brief auf mich. (lang)
You say: Zu Hause wartete ein langer Brief auf mich.

17.3 Listen and repeat (Patterns, groups 4-5).

[4] Ist das derselbe Wein, den wir gestern abend getrunken haben?
Wir wohnen in demselben Hotel, in dem Fürstenbergs gewohnt haben.
Wir saßen gestern mit Fürstenbergs am selben Tisch.
Seit Jahren trägt sie jeden Sonntag dasselbe Kleid.

[5] Was ist denn das für ein Wagen?
Was für ein Wagen ist das?
Was hast du dir denn für einen Wagen gekauft?
Was für einen Wagen hast du dir denn gekauft?
Mit was für einem Wagen bist du denn gefahren?
Ich muß noch immer daran denken, was für wunderbare Tage wir an der Ostsee
verbracht haben.
Hast du gesehen, was für einen unmöglichen Hut Tante Amalie schon wieder
aufhat?
Weißt du noch, mit was für einem unmöglichen Hut sie damals im Theater war?

17.4 You will again hear short sentences followed by an adjective without ending. Repeat each
sentence and insert the adjective with the proper ending.

17.5 Listen and repeat (Patterns, groups 6-7).

[6] Alles Gute zum neuen Jahr wünscht Dir Deine Luise.
Was hilft ihm jetzt all sein schönes Geld?
Was hilft ihm denn jetzt das ganze Geld?
Ich habe alle meine alten Freunde besucht.
All meine Freunde sind Ärzte.
Ich habe alle seine Romane gelesen.
Ich habe seine Romane alle gelesen.
Kannst du für uns alle Karten kaufen?
Kannst du Karten für uns alle kaufen?
Ich habe alle Karten gekauft, die noch zu haben waren.
Alle guten Karten waren schon ausverkauft.
Wir alle sind dir dankbar.
Wir sind dir alle dankbar.
Er hat den ganzen Tag auf mich gewartet.
Fritzchen hat einen ganzen Apfel gegessen.
Sie war ganz allein.
Wie geht's dir denn?—Danke, ganz gut.
Wir sind durch ganz Österreich gefahren.

[7]   Meyer hat viel Geld.
       Ja, aber das viele Geld macht ihn auch nicht glücklich.
       Sein vieles Geld macht ihn nicht glücklich.
       Heute ist Sonntag, und viele Leute fahren heute spazieren.
       Was haben Sie denn während der vielen langen Winternächte gemacht?
       Ich habe viel zu wenig Geld, um jedes Jahr in die Schweiz fahren zu können.
       Mit dem wenigen Geld, das du mir schickst, kann ich nicht viel kaufen.
       Wir haben dieses Wochenende nur wenige Gäste im Hause. Bei dem Wetter
            bleiben die Leute zu Hause.

17.6 Once more, you will hear short sentences followed by an adjective without ending.
       Repeat each sentence and insert the adjective with the proper ending.

17.7 Listen and repeat (Patterns, groups 8-9).

[8]   So geht das nicht; das mußt du anders machen.
       Aber Erich, du bist ja ganz anders als früher.
       Erich soll ein ganz anderer Mensch geworden sein.
       Er spricht von nichts anderem als von seiner Amerikareise.
       Den einen Herrn kannte ich, aber wer war denn der andere?
       Den anderen Herrn kenne ich auch nicht.
       Das muß jemand anders gewesen sein.
       Das kann niemand anders gewesen sein als Meyer.
       Anderen hat er geholfen; sich selbst kann er nicht helfen.

[9]   ,,In ein paar Tagen bin ich wieder hier", hatte er gesagt. Aber dann wurden
            aus den paar Tagen ein paar Jahre.
       Es waren nur ein paar Leute da.
       Mit den paar Mark kannst du doch nicht nach Davos fahren.
       Ein paar schöne Tage haben wir ja gehabt, aber die meiste Zeit hat es
            geregnet.
       Ich hätte gerne ein paar kleine Würstchen zum Frühstück.
       Bringen Sie mir doch bitte ein Paar Würstchen.
       Ich habe nur zwei Paar gute Schuhe mitgebracht.
       Anton und Emma waren ein schönes Paar.
       Einige von unseren Lesern möchten wissen, ob Ingelheim noch in Konstanz
            wohnt.
       Wir kamen durch mehrere alte Dörfer.
       Im Löwen kann man für ein paar Mark gut essen.
       Ich habe auch schon einige Male da gegessen.
       Letzte Woche habe ich mehrere Male im Löwen gegessen.

17.8 Dictation.

17.9 Reading.

       Peter Bichsel: Ein Tisch ist ein Tisch.
       Der Wolf und die sieben Geißlein.

UNIT 18

18.1 Listen and repeat (Patterns, group 2).

[2]   Bei uns werden alle Briefe mit der Maschine geschrieben.
       Diese Briefe sind mit der Maschine geschrieben.

       Wann ist das Pulver denn erfunden worden?
       Das weiß ich nicht. Als ich geboren wurde, war es schon erfunden.

Dieses Zimmer ist aber kalt. Ist das Zimmer nicht geheizt, oder kann es nicht
geheizt werden?

Ich höre, das Haus neben der Kirche soll verkauft werden.
Es ist schon verkauft.

18.2 You will hear ten sentences in the present tense. Change these sentences to the perfect.

You hear: Das Haus wird verkauft.
You say: Das Haus ist verkauft worden.

18.3 Listen and repeat (Patterns, group 3).

[3]   Wer hat denn den Bunsenbrenner erfunden?
Der Bunsenbrenner ist von Bunsen erfunden worden.
Bunsen soll den Bunsenbrenner erfunden haben.
Der Bunsenbrenner soll von Bunsen erfunden worden sein.

Wer hat Amerika entdeckt?
Amerika ist von Kolumbus entdeckt worden.
Schon die Wikinger sollen Amerika entdeckt haben.
Amerika soll schon von den Wikingern entdeckt worden sein.

Die Polizei sucht ihn.
Die Polizei soll ihn suchen.
Er wird von der Polizei gesucht.
Er soll von der Polizei gesucht werden.
Die Polizei suchte ihn überall.
Er wurde von der Polizei gesucht.
Hat ihn die Polizei nie gefunden?
Ist er nie gefunden worden?
Doch! Die Polizei soll ihn gestern gefunden haben.
Doch! Er soll gestern gefunden worden sein.

Eine einzige Bombe hat das Haus zerstört.
Das Haus ist durch eine einzige Bombe zerstört worden.
Das Haus soll durch eine einzige Bombe zerstört worden sein.
Eine einzige Bombe soll das ganze Haus zerstört haben.

18.4 You will hear fifteen sentences, all containing the subject *man*. Change these sentences to
the actional passive; do not change tenses, and omit *man*.

You hear: Man fand ihn nicht.
You say: Er wurde nicht gefunden.

18.5 Listen and repeat (Patterns, groups 4-5).

[4]   Wir konnten ihm nicht helfen.
Dem Manne kann geholfen werden. (Schiller, *Die Räuber*)
Ihm ist nicht zu helfen.
Man half ihm sofort.
Ihm wurde sofort geholfen.
Jemand hat mir gesagt, ich sollte um drei Uhr hier sein.
Mir wurde gesagt, ich sollte um drei Uhr hier sein.
Es wurde mir gesagt, ich sollte um drei Uhr hier sein.

[5]   Wir waschen nur mit Persil.
Bei uns wird nur mit Persil gewaschen, denn Persil bleibt Persil.
Hier wird gearbeitet.
Jeden Samstag abend wird dort getanzt.
In meinem Elternhaus ist viel musiziert worden.

In Kalifornien wird fast nur mit Gas geheizt.
Bei euch im Büro wird viel zu viel geredet.
Wann wird denn hier morgens gefrühstückt?
In diesem Hotel wird nur vom 15. September bis zum 1. Mai geheizt.
Ingelheim ist mir zu sentimental; in seinen Romanen wird auf jeder dritten
    Seite geweint.
Es wird gebeten, nicht zu rauchen.

18.6 You will hear five sentences in the statal present. Restate these sentences in the actional perfect.

    You hear: Das Haus ist verkauft.
    You say: Das Haus ist verkauft worden.

18.7 Listen and read along with the speaker (Patterns, group 6). You will not be asked to repeat.

    [6]   Der neue schwedische Film wird jetzt auch in Deutschland gezeigt.
           Könnte man ihn nicht auch in den Vereinigten Staaten zeigen?
           Während der internationalen Filmfestspiele in Berlin wurde auch der neue
               schwedische Film gezeigt.
           Der Film soll sehr gut sein, aber in Amerika ist er noch nicht gezeigt worden.
           Es wäre besser, wenn dieser Film auch in Berlin nicht gezeigt worden wäre.
           Es tut mir leid, daß der Film gezeigt wird. Ich wollte, er würde nicht gezeigt.

           So, ihr seid schon wieder bei Schultes eingeladen?
           So, Schultes haben euch schon wieder eingeladen?
           Ich werde leider nie eingeladen.
           Mich haben sie noch nie eingeladen.
           Warum warst du denn gestern abend nicht bei Schultes?
           Ich war nicht eingeladen.
           Ich wollte, ich würde auch einmal eingeladen.
           Ich wollte, ich wäre damals auch eingeladen gewesen.
           Den Eugen Wilke treffe ich wahrscheinlich heute bei Schultes. Er soll auch eingeladen
               sein.
           Karola Kirchhoff soll eingeladen worden sein, in Stuttgart die Desdemona zu
               spielen.
           Natürlich freue ich mich darüber, daß ich eingeladen bin, hier in Stuttgart die
               Desdemona zu spielen. Aber ich bin nicht überrascht. Ich wäre sehr enttäuscht
               gewesen, wenn ich nicht eingeladen worden wäre.

           Meine Herren, Sie wissen, ich bin hier neu; aber eines habe ich schon festgestellt.
               Hier wird zu viel geredet, zu viel geraucht, zu viel Kaffee getrunken und zu
               wenig gearbeitet.

           Auf dem Weg nach Hause redeten wir kaum ein Wort miteinander.
           Auf dem Weg nach Hause wurde kaum geredet.
           Auf dem Weg nach Hause wurde kaum ein Wort geredet.

           Es wurde zwar schon im Altertum angenommen, daß sich die Materie aus gewissen
               „Elementen" zusammensetzt, aber das Problem, aus welchen Elementen die
               Materie tatsächlich zusammengesetzt ist, konnte viele Jahrhunderte lang nicht
               gelöst werden.
           Man konnte das Problem lange nicht lösen.
           Das Problem war einfach nicht zu lösen.
           Man glaubte, das Problem wäre nicht zu lösen.
           Das Problem ließ sich lange nicht lösen.
           Das Problem ist erst vor wenigen Jahren gelöst worden.
           Das Problem konnte erst vor wenigen Jahren gelöst werden.
           Ohne die Entdeckung des Radiums hätte das Problem nie gelöst werden können.
           Im Mittelalter war das Problem noch nicht gelöst.
           Erst die moderne Wissenschaft hat das Problem gelöst.
           Heute ist das Problem gelöst.

Ich habe meine Meinung geändert.
Der Mantel ist mir viel zu groß; den muß ich ändern lassen.
Haben Sie meinen Mantel schon geändert?
Ja, der Mantel ist schon geändert.
Bei uns gibt es nichts Neues; bei uns ändert sich nie etwas.
Der Marktplatz ist noch immer der alte, und nichts scheint sich hier geändert
    zu haben.
Morgen soll sich das Wetter endlich ändern.
Du hast dich aber verändert, Otto.
Gnädige Frau, Sie haben sich gar nicht verändert.
Die Maria hat sich aber verändert; die muß ja mindestens fünfundzwanzig Pfund
    abgenommen haben.—Ja, verändert hat sie sich, aber geändert hat sie sich nicht;
    es ist immer noch dieselbe alte Maria.

18.8 You will hear six sentences in the statal present. Restate these sentences (a) in the actional
perfect and (b) as perfect reflexives.

         You hear: Er ist rasiert.
         You say: Er ist rasiert worden.
         Then you say: Er hat sich rasiert.

18.9 Listen and repeat (Patterns, groups 7-8).

         [7]   Niemand war zu Hause.
               Es war niemand zu Hause.

               Jemand hat heute nachmittag nach Ihnen gefragt.
               Es hat heute nachmittag jemand nach Ihnen gefragt.

               Leider meldete sich niemand.
               Es meldete sich leider niemand.

               Jetzt werden wieder Häuser gebaut.
               Es werden jetzt wieder Häuser gebaut.
               Viele Leute waren nicht da.
               Es waren nicht viele Leute da.

               Ach Emma, du bist's!
               Wer ist denn da?—Ich bin's, Emma.
               Meyer kann es nicht gewesen sein.

               Es regnet schon seit Tagen.
               Hier regnet es schon seit Tagen.

               Es hat schon wieder gehagelt.
               Hier hat es heute schon wieder gehagelt.

               Es hat die ganze Nacht geschneit.
               Heute morgen hat es ein bißchen geschneit.

               Es hat stundenlang gedonnert und geblitzt, aber geregnet hat es nicht.

               Wie geht es denn deinem Vater?—Danke, es geht ihm gut.
               Dem Anton geht's immer gut.
               Mir geht es heute gar nicht gut; mir geht's schlecht.
               Guten Tag, Herr Müller. Ich habe Sie lange nicht gesehen; wie geht's Ihnen denn?

               Vor hundert Jahren gab es noch keine Flugzeuge.
               Da oben ist ein Flugzeug.

               Was gibt's denn zum Mittagessen?
               Es gibt jeden Tag Schweinebraten.
               Das ist doch kein Schweinebraten, das ist Kalbsbraten.

               Wieviele Hotels gibt es denn hier?
               Heute gibt es nicht mehr viele Familien mit neun Kindern.

You are not expected to repeat the following sentences, but do read along with the speakers.

[8] Es ist nicht gestattet, während der Fahrt mit dem Wagenführer zu sprechen.
Natürlich ist es nicht gestattet, während der Fahrt mit dem Wagenführer zu sprechen.

Es ist leider nicht erlaubt, vor dem Rathaus zu parken.
Leider ist es nicht erlaubt, vor dem Rathaus zu parken.

Es ist verboten, die Türen während der Fahrt zu öffnen.
Ist es verboten, die Türen während der Fahrt zu öffnen?

Es muß leider angenommen werden, daß er nicht mehr am Leben ist.
Leider muß angenommen werden, daß er nicht mehr am Leben ist.

Es wurde vorgeschlagen, eine neue Brücke über den Rhein zu bauen.
Von allen Seiten wurde vorgeschlagen, eine neue Brücke über den Rhein zu bauen.

Es wird oft behauptet, daß Männer besser Auto fahren können als Frauen.
Früher wurde oft behauptet, daß Männer besser Auto fahren könnten als Frauen.

Es wurde beschlossen, endlich eine neue Klinik zu bauen.
Gestern abend wurde beschlossen, endlich eine neue Klinik zu bauen.

Leider konnte nicht festgestellt werden, wer der Dieb ist.
Es konnte nicht festgestellt werden, wer der Dieb ist.
Wer der Dieb ist, konnte bis jetzt nicht festgestellt werden.

18.10 You will hear six sentences. Restate these sentences, starting with *Es*.

You hear: Niemand war zu Hause.
You say: Es war niemand zu Hause.

18.11 Patterns, group 9. Listen carefully to these sentences with pre-noun inserts.

[9] Mein Chef, der gottseidank nicht sehr intelligent ist, weiß gar nicht, daß es in Berlin auch billigere Hotels gibt.
Mein (gottseidank nicht sehr intelligenter) Chef weiß gar nicht, daß es in Berlin auch billigere Hotels gibt.

Der Winter, der selbst für Norwegen ungewöhnlich kalt war, wollte gar kein Ende nehmen.
Der (selbst für Norwegen ungewöhnlich kalte) Winter wollte gar kein Ende nehmen.

Die Fluggäste, die soeben mit Lufthansa Flug Nummer 401 aus Frankfurt angekommen sind, werden gebeten, den Warteraum nicht zu verlassen.
Die (soeben mit Lufthansa Flug Nummer 401 aus Frankfurt angekommenen) Fluggäste werden gebeten, den Warteraum nicht zu verlassen.

Karthago, das von den Römern zerstört wurde, ist nicht wiederaufgebaut worden.
Das (von den Römern zerstörte) Karthago ist nicht wiederaufgebaut worden.

Aloys Hinterkofer, der seit Wochen von der Polizei gesucht wird, soll gestern in der Regina-Bar gesehen worden sein.
Der (seit Wochen von der Polizei gesuchte) Aloys Hinterkofer soll gestern in der Regina-Bar gesehen worden sein.

Die Züge, die im Sommer von München nach Italien fahren, sind meistens überfüllt.
Die (im Sommer von München nach Italien fahrenden) Züge sind meistens überfüllt.

Alle Studenten, die an dem Projekt interessiert waren, das Professor Behrens vorgeschlagen hatte, wurden gebeten, sich am nächsten Tag auf dem Sekretariat zu melden.

Alle (an dem von Professor Behrens vorgeschlagenen Projekt interessierten) Studenten wurden gebeten, sich am nächsten Tag auf dem Sekretariat zu melden.

Meine Damen und Herren, es handelt sich hier um ein (von der Wissenschaft bis heute noch kaum beachtetes und, soweit ich das aufgrund meiner Untersuchungen beurteilen kann, immer wichtiger werdendes) mathematisches Problem.

18.12 Dictation.

18.13 Reading: Zunft ohne Zukunft?

ADDITIONAL EXERCISES

Name: _____

Additional Exercises: Unit 1

A. Answer the following questions.
    1. Studiert Fritz Medizin?

    Ja, er _____. Nein, er _____ Deutsch.
    2. Sind Sie heute abend zu Hause?

    Ja, _____. Nein, _____ in Köln.
    3. Arbeiten Sie in München?

    Ja, _____. Nein, _____ in Bonn.
    4. Wohnt Hans auch in Hamburg?

    Ja, _____. Nein, _____ in Köln.
    5. Geht ihr im Winter nach Deutschland?

    Ja, _____. Nein, _____ nach England.

    6. Wo wohnt ihr? Wir _____.

    7. Wann gehst du ins Kino? _____.

    8. Wer ist das? _____.

    9. Was studieren Sie? _____.

    10. Wer ist hier? Meyer _____.

B. Write down appropriate yes-or-no questions.

    1. _____? Ja, ich wohne in Berlin.

    2. _____? Nein, ich wohne in Berlin.

    3. _____? Ja, er ist heute zu Hause.

    4. _____? Ja, er ist auch hier.

    5. _____? Nein, ich studiere Deutsch.

C. Write down appropriate word questions.

    1. Wer _____? Das ist Frau Meyer.

    2. _____? Ich studiere Deutsch.

    3. _____? Er fährt morgen nach Köln.

D. Express in German. Start your German sentence first with one of the underlined words, then with the other.
    1. Tomorrow we are going to the movies.

    a. _____.

    b. _____.

2. They live in Munich now.

a. _____ .

b. _____ .

3. Dr. Schmidt, by the way, works in Germany now.

a. _____ .

b. _____ .

E. Express in German.
1. Hans comes home at one o'clock.

_____

2. Are you going to the movies, too, tomorrow, Miss Meyer?

_____

3. How is the weather today?—It is raining.

_____

4. Does he live in Cologne?—No, he lives in Munich now.

_____

5. Erika is a doctor.

_____

6. Are you drinking tea?

_____

7. Yes, I do drink wine.

_____

8. What is your name, please?

_____

9. Are you working today, Mr. Schmidt?

_____

10. I am staying home tomorrow.

_____

Name: _____

Additional Exercises: Unit 2

A. Fill the blanks with the appropriate noun form.

1. Hans ist Student; Erika und Inge sind _____.

2. Haben Sie eine Tochter?—Nein, wir haben <u>zwei</u> _____.

3. Ich bleibe einen Tag in Berlin, und meine Frau bleibt zwei _____.

4. Wie heißen denn Ihre _____, Frau Müller?—Sie heißen Fritz und Willy.

5. Wir brauchen zwei Löffel, zwei Messer und zwei _____.

B. Rewrite the following sentences, replacing the <u>subject</u> by a pronoun.

1. Unser Wagen ist in Köln. _____

2. Euer Vater ist in München. _____

3. Wo ist Ihr Büro? _____

4. Wo ist denn das Geld? _____

5. Frau Meyer geht nach Hause. _____

6. Der Hund ist intelligent. _____

7. Ist die Zeitung schon da? _____

C. Replace the <u>object</u> by a pronoun.

1. Hans liest die Zeitung. _____

2. Wir kaufen das Auto in Köln. _____

3. Ich kaufe meine Autos in München. _____

4. Er kauft den Wagen in Frankfurt. _____

5. Kennen Sie meine Freundin? _____

6. Kennen Sie diese Studenten? _____

7. Kennen Sie diese Studentin? _____

D. Express in German.
1. I know this woman.

_____

2. I know this woman is Mrs. Bertram.

_____

3. I know him and his father.

_____

4. I know her and her mother.

_____

5. Does she know her?

_____

6. I know that she knows her.

_____

7. Her father knows my father.

_____

8. Hans is going to Germany next summer.

_____

9. Do you need me, Mr. Meyer?

_____

10. His children, two sons and three daughters, all live in Hamburg now.

_____

Name: _____

Additional Exercises: Unit 3

A. In the following sentences, draw brackets around the second prong in those sentences that have one. Then rewrite each sentence, starting with an inner field element. Remember that you cannot move the bracketed element.

Example:
Er geht heute abend [ins Kino.]
Heute abend geht er ins Kino.

1. Morgen fliegt Herr Meyer nach München.

_____

2. Hans bleibt heute abend zu Hause.

_____

3. Natürlich kommt Hans morgen.

_____

4. Ich brauche den Wagen heute abend.

_____

5. Er kennt natürlich meinen Sohn.

_____

6. Frau Lenz ist jetzt wieder in Berlin.

_____

7. Das ist natürlich Frau Meyer.

_____

8. Meyer ist heute leider in München.

_____

B. Negate the following sentences; use *nicht* or *kein* as required. Don't forget the negation of *schon* and *noch.*

1. Er ist Arzt. _____

2. Liest er ein Buch? _____

3. Lesen Sie mein Buch? _____

4. Das ist doch ein Student. _____

5. Trinken Sie Bier? _____

6. Schläfst du schon? _____

7. Du bist doch noch ein Kind. _____

8. Er wohnt in Köln. _____

9. Hast du noch Geld? _____

10. Ist er noch zu Hause? _____

11. Ich habe Erfolg. _____

12. Er braucht mich. _____

13. Sie ist dort drüben. _____

14. Er hat schon ein Buch. _____

15. Er kommt schon. _____

C.   Reply to the following sentences and questions. Use *doch* where possible, otherwise use *nein*.
1. Hast du denn keinen Kaffee?

_____

2. Schläft Hans schon?

_____

3. Aber er ist doch nicht mehr hier.

_____

4. Ich weiß, ich kenne ihn nicht.

_____

5. Wohnen Sie immer noch in Hannover?

_____

D.   Express in German.
1. Are you eating cheese?—No, I am eating sausage.

_____

2. Does this book cost more than five marks?

_____

3. Do you live in Cologne or in Bonn?

_____

4. Is your son a mechanic?—Yes, but he is still an apprentice.

_____

5. Don't drink this wine; it is too sweet.

_____

Name: _____

Additional Exercises: Unit 4

A. Restate the following sentences by using the modal indicated in parentheses.
   1. Wir gehen heute abend ins Kino.   (wollen)

   _____

   2. Heute kommt er nicht.   (brauchen zu)

   _____

   3. Jetzt essen wir erst und fahren dann ins Theater.   (können)

   _____

   4. Ich trinke jetzt nur eine Tasse Kaffee.   (mögen)

   _____

   5. Hier rauchen Sie aber nicht, Herr Meyer.   (dürfen)

   _____

   6. Warum fährst du denn schon wieder nach Berlin? (müssen)

   _____

   7. Herr Schmidt fährt morgen nach München.   (sollen)

   _____

   8. Erika besucht heute abend Tante Amalie.   (wants to)

   _____

   9. Hans kommt heute leider nicht.   (is able to)

   _____

   10. Du trinkst doch keinen Kaffee mehr.   (mustn't)

   _____

   11. Er arbeitet nächsten Sonntag nicht.   (need)

   _____

   12. Geht ihr heute abend auch ins Theater?   (would like to)

   _____

B. The stress indicated in the following sentences implies contrast of some sort. In English, indicate what contrast may be involved.

   Examples:

   a. Heute bleibe ich zu Hause.   b. Ich bleibe heute zu Hause.
      (Tomorrow I'll be somewhere else.)   (Not tomorrow, as you thought.)

   1. Ich gehe heute mit Ingrid ins Kino.

   _____

   2. Heute gehe ich mit Ingrid ins Kino.

   _____

   3. Ins Kino gehe ich mit Ingrid nicht.

   _____

4. Heute abend gehen wir ins Kino.

_____

5. Wir gehen heute abend ins Kino.

_____

6. Sein Sohn wohnt in Köln.

_____

7. Sein Sohn wohnt auch in Köln.

_____

8. Intelligent ist er nicht.

_____

9. Ihn kenne ich sehr gut.

_____

10. Herr Meyer ist ein Dummkopf.

_____

11. Herr Lenz arbeitet in Köln.

_____

12. Schläfst du schon?

_____

C. Express in German.
   1. It is still winter.

_____

2. I don't need to go to the museum today.

_____

3. I can never work at home.

_____

4. Our train is supposed to leave at 5:06.

_____

5. He doesn't seem to be living in Munich anymore.

_____

6. He eats too much, and he drinks too much, too.

_____

7. Is he home yet?—No, not yet.

_____

8. Don't eat so much.

_____

9. Don't be unhappy.

_____

10. My friend (fem.) studies psychology, but I study medicine.

_____

Name: _____

Additional Exercises: Unit 4 (Continued)

(C. Continued)

11. He has money all right, but intelligent he is not.

_____

12. Please visit us in Germany next year.

_____

13. You don't <u>have</u> to go to Berlin if you don't want to.

_____

14. Why don't you want to work on Sundays?

_____

15. He works more than I (do).

_____

16. He has no more money than I (have).

_____

Name: _____

Additional Exercises: Unit 5

A. Replace nouns by personal pronouns.
  1. Ich komme mit meiner Freundin.

  _____

  2. Ich komme ohne meine Freundin.

  _____

  3. Er besucht seine Freundin.

  _____

  4. Er antwortet seiner Freundin nicht.

  _____

  5. Er dankt seinem Freund nicht.

  _____

  6. Er geht zu seiner Tante.

  _____

  7. Sie geht zu ihrer Tante.

  _____

  8. Sie wohnt bei ihrer Tante.

  _____

  9. Sie kommt ohne ihre Tante.

  _____

  10. Er kommt ohne seine Tante.

  _____

B. Complete the following sentences by using the correct personal pronouns.

  1. Hier ist die Zeitung; sie ist für _____, Herr Meyer.

  2. Erika ist krank; ich muß ohne _____ ins Kino gehen.

  3. ,,Fahren Sie ohne Ihren Mann nach Wien?'' ,,Ohne _____? Nie!''

  4. Du Hans! Heute mußt du leider ohne _____ ins Theater gehen.

  5. Fritz Müller möchte gern für _____ arbeiten, Herr Doktor.

  6. Inge ist doch sehr interessant. Was hast du gegen _____?

  7. Du brauchst doch nicht in ein Hotel zu gehen. Du kannst bei uns wohnen. Etwas zu essen

  haben wir immer für _____.

C. In the following sentences, the inner field is left empty. Fill the inner field with each of the several series of words by rearranging them in the correct word order.

   1. Wir wollen _____ ins Haus schicken.

      a. ihr, heute, Blumen _____

      b. die Blumen, heute, ihr _____

      c. sie (die Blumen), ihr, heute _____

      d. unserer Tante, Blumen, heute _____

   2. Er will _____ kaufen.

      a. einen Hund, mir _____

      b. den Hund, mir _____

      c. mir, ihn _____

      d. seiner Frau, ein Haus in Berlin _____

      e. seiner Frau, einen Hut, in Berlin _____

      f. ihr, den Hut, in Berlin _____

      g. ihr, ihn, in Berlin _____

D. Express in German.

   1. Does this car belong to him?—No, to her.

      _____

   2. Are those your books?—No, they belong to my father.

      _____

   3. Unfortunately, you have to go without me.

      _____

   4. This book belongs to me. Give it to me.

      _____

   5. My name is Callaghan; I am a foreigner.

      _____

159

Name: _____

Additional Exercises: Unit 6

A.   Restate the following sentences by using the perfect tense.

1. Wir warten bis drei Uhr.

_____

2. Ich muß auch arbeiten.

_____

3. Wann besuchst du ihn?

_____

4. Wir essen heute im Hotel Berlin.

_____

5. Das will ich nicht sagen.

_____

6. Wann kommt er denn?

_____

7. Was hörst du von Erika?

_____

8. Ich lasse meinen Hut heute zu Hause.

_____

9. Sie braucht nicht zu arbeiten.

_____

10. Er schläft jeden Morgen bis zehn.

_____

11. Wann siehst du sie denn wieder?

_____

12. Wein trinkt er heute nicht.

_____

13. Ich zwinge dich zu nichts.

_____

14. Wann fährt der Zug denn ab?

_____

15. Lernt diese Frau fahren?

_____

16. Wann kommt sie denn wieder?

_____

17. Wann fährt er denn zurück?

_____

18. Wird Hans Arzt?

_____

19. Ist Meyer schon wieder krank?

_____

B.   Express in German.
   1. The train to Cologne left at 4:07.

_____

   2. At 7:05 we'll be in Cologne.

_____

   3. I wanted to visit him yesterday.

_____

   4. This house once belonged to my father.

_____

   5. Why don't you want to believe me?

_____

   6. I don't have to help them.

_____

   7. I didn't have to help them.

_____

   8. Where have you been, Erika?

_____

   9. I went to the movies with my girl friend.

_____

   10. He worked yesterday, and we all helped him.

_____

   11. They went to Berlin today.

_____

   12. I bought myself the book yesterday. But I haven't read it yet.

_____

   13. I have not read the paper yet.

_____

   14. I know she is no longer a child.

_____

   15. He has never had to work yet.

_____

Name: _____

Additional Exercises: Unit 7

A. Restate first in the past tense, then in the perfect.
1. Er fährt um fünf Uhr ab.

_____

_____

2. Sie besucht mich in Burgbach.

_____

_____

3. Ich will um zwei Uhr zu Hause sein.

_____

_____

4. Ich denke oft an Weihnachten.

_____

_____

5. Er lädt mich oft zum Essen ein.

_____

_____

6. Das erfährt er nie.

_____

_____

7. Ihm passiert nie etwas.

_____

_____

B Of the following pairs of sentences, change the second one to an infinitive with *um . . . zu.*
1. Werner hat mich gestern angerufen. Er wollte mich ins Kino einladen.

_____

2. Der Reporter folgte ihm ins Hotel. Er wollte mit ihm sprechen.

_____

3. Ich besuchte Ingelheim. Ich wollte seine Frau kennenlernen.

_____

4. Ich fuhr nach Hause. Ich wollte mit Tante Amalie ins Kino gehen.

_____

5. Hans ging nach Amerika. Er wollte Englisch lernen.

_____

C. Insert either the past (one blank) or the perfect (two blanks) of the verbs in parentheses.

1. Ingelheim _____ mich gerade _____.   (anrufen)

2. Er _____ mit mir frühstücken.   (wollen)

3. Ich _____ aber leider keine Zeit.   (haben)

4. Wir _____ schon lange nicht mehr in Deutschland _____.   (sein)

5. Ich _____ damals oft an sie.   (denken)

6. Professor Krummholz _____ schon vor zehn

   Jahren _____.   (sterben)

7. Wir _____ gestern abend im Löwen _____.   (essen)

8. Damals _____ Ingelheim oft zu uns.   (kommen)

9. Washington _____ nie _____.   (lügen)

10. Sein Sohn _____ Arzt.   (werden)

D. Express in German; use the past tense.

1. Fridolin and Brunhilde were coming out of the "Löwen."

_____

2. Frido seemed to be sad, and I wanted to help him.

_____

3. He did not have the key for his car.

_____

4. The car belonged to his brother.

_____

5. I helped him, and then he drove home with me for supper.

_____

Name: _____

Additional Exercises: Unit 8

A. Ask indirect questions for the underlined parts of the following sentences.
    1. Er arbeitet in Bonn.

    Ich möchte wissen, wo _____ .
    2. Er will ihr morgen die Stadt zeigen.

    Ich möchte wissen, was _____ .
    3. Er will ihr die Stadt morgen zeigen.

    Ich möchte wissen, _____ .
    4. Er hat das Buch seinem Vater gegeben.

    Ich möchte wissen, _____ .
    5. Er ist gestern nach München gefahren.

    Ich möchte wissen, _____ .

B. Form open conditions; the first sentence must become the *wenn*-clause.
    1. Er kommt heute. Wir können ins Kino gehen.

    _____ .

    2. Ich habe Zeit. Ich besuche dich gerne.

    _____ .

    3. Ich komme nach Frankfurt. Ich möchte ins Theater gehen.

    _____ .

    4. Ich höre von meinem Mann. Ich rufe Sie wieder an.

    _____ .

    5. Er ist nach Düsseldorf gefahren. Er hat Peter bestimmt besucht.

    _____ .

C. Express in German. (When do you need to use the past and when the perfect?)
    1. At that time, he was visiting his friend in Berlin.

    _____

    2. Karin was in Berlin, too.

    _____

    3. Why didn't she want to come?

    _____

    4. I drove home, and Frido followed me with his car.

    _____

    5. Do you believe that Karl is very intelligent?

    _____

    6. That he is intelligent I know.

    _____

    7. But that he is very intelligent, I cannot believe.

    _____

8. If you want (me to), I'll come along to the movies.

_____

9. You don't need to tell me how often he goes to the theater.

_____

10. I've just read in the paper that her friend has been in Munich for three months.

_____

D. Change the following imperatives to the *du*-form. Use *du* only when *Sie* is underlined.
   1. Bleiben Sie doch noch eine Woche.

_____

   2. Fahren Sie doch mit an die Nordsee.

_____

   3. Also, fangen wir an!

_____

   4. Gehen wir doch nach Hause!

_____

   5. Sprechen Sie doch mal mit ihm.

_____

   6. Laden Sie ihn doch mal ein.

_____

   7. Laufen Sie doch nicht so schnell!

_____

   8. Schreiben Sie doch den Brief.

_____

   9. Stehen Sie doch bitte mal auf.

_____

   10. Vergessen Sie nicht, mich anzurufen.

_____

   11. Versprechen Sie mir, daß Sie bald wiederkommen.

_____

   12. Reden Sie nicht so viel.

_____

   13. Seien Sie nicht so unfreundlich.

_____

   14. Holen Sie mich bitte am Bahnhof ab.

_____

   15. Bitte lachen Sie nicht darüber!

_____

Name: _____

Additional Exercises: Unit 9

A. Change the following sentences to wishes starting with *Ich wollte, ...* Change from affirmative to negative, and from negative to affirmative.
   1. Seine Nummer ist immer besetzt.

   Ich wollte, _____
   2. Ich habe mein Buch zu Hause gelassen.

   Ich wollte, _____
   3. Ich bin nach Italien gefahren.

   Ich wollte, _____
   4. Ich kann ihn nicht verstehen.

   Ich wollte, _____
   5. Der Winter hat schon begonnen.

   Ich wollte, _____
   6. Bei euch ist es so kalt.

   Ich wollte, _____
   7. Du hast gestern abend zu viel geredet.

   Ich wollte, _____
   8. Sie ruft mich nicht an.

   Ich wollte, _____
   9. Ich kann mir kein Buch kaufen.

   Ich wollte, _____
   10. Wir konnten letztes Jahr keine Reise machen.

   Ich wollte, _____

B. Change to polite requests in the subjunctive, using the words in parentheses.
   1. Darf ich ein Glas Wein haben? (bitte)

   _____

   2. Haben Sie ein Zimmer für mich? (vielleicht)

   _____

   3. Darf ich auf meinem Zimmer frühstücken? (vielleicht)

   _____

   4. Können Sie mir jetzt das Frühstück bringen? (bitte)

   _____

   5. Haben sie ein Buch für mich? (vielleicht)

   _____

C. Change to statements of preference, using the words in parentheses; use *würde*-forms when possible.
   1. Ich bin nach Bonn gefahren. (auch gerne)

   _____

2. Hans blieb zu Hause. (gerne)

_____

3. Ich habe meine Mutter besucht. (am liebsten)

_____

4. Ich gehe mit einer Freundin ins Kino. (lieber)

_____

5. Ich habe Ingrid nach Hause gebracht. (am liebsten)

D. Express in German.
   1. I wish I could take you along.

_____

   2. Hans would have liked to go to Vienna.

_____

   3. It would be nice if you could go with us.

_____

   4. I simply couldn't believe it.

_____

   5. If I wanted to, I could go too.

_____

   6. If I knew where he is I would call him.

_____

   7. If I had known where he was I would have called him.

_____

   8. I don't know whether he was in Stuttgart.

_____

E. Change the following pairs of sentences to irreal conditions. Affirmative statements must then appear in negative form and negative statements in affirmative form. Use the first statements for the *wenn*-clause. In the conclusion, use either the subjunctive or, if possible, the *würde*-form.
   1. Es regnet. Wir können jetzt nicht arbeiten.

_____

   2. Es regnet nicht. Wir können jetzt arbeiten.

_____

   3. Wir haben keine Zeit. Wir fahren morgen nicht an den Rhein.

_____

   4. Ich kann nicht arbeiten. Ich bin unglücklich.

_____

   5. Ich wohne nicht in München. Ich gehe nicht jeden Tag ins Theater.

_____

   6. Wir haben viel zu tun. Wir können nicht in die Stadt fahren.

_____

Name: _____

Additional Exercises: Unit 9 (Continued)

(E. Continued)

    7. Meyer ist nicht glücklich verheiratet. Er fährt allein nach Rom.

_____

    8. Ich liebe dich. Ich habe dich geheiratet.

_____

    9. Ich liebe ihn nicht. Ich heirate ihn nicht.

_____

    10. Ich habe keinen Wagen. Ich kann dich nicht nach Köln bringen.

_____

    11. Tante Amalie kommt nicht. Ich brauche ihr die Stadt nicht zu zeigen.

_____

    12. Ingelheim war Soldat. Er konnte einen Kriegsroman schreiben.

_____

    13. Der Krieg ist gekommen. Ich habe nicht Medizin studiert.

_____

    14. Vater hat uns geholfen. Wir konnten heiraten.

_____

    15. Er war krank. Er brauchte nicht Soldat zu werden.

_____

F.   The following sentences contain a dependent clause introduced by *weil*. Changing the *weil*-clause into a *wenn*-clause, transform the sentences into irreal conditions.

    1. Weil ich nicht soviel Geld habe wie Meyer, kann ich nicht an der Riviera wohnen.

_____

_____

    2. Weil in Hamburg die Sonne nicht schien, bin ich nach Italien gefahren.

_____

    3. Er kam so spät nach Hause, weil er im Kino war.

_____

    4. Weil Meyer Meyer ist, kann man nicht mit ihm sprechen.

_____

    5. Weil das Essen nicht gut war, fuhren wir nach Hause.

_____

    6. Weil er krank wurde, fuhr er nach Hause.

_____

    7. Wir wohnen in der Stadt, weil wir keine Kinder haben.

_____

    8. Er wurde Soldat, weil er mußte.

_____

G.   Express in German.

1. I'd rather go sailing. (to sail—segeln)

_____

2. If it weren't so late already, I would stay for another hour.

_____

3. If I had bought the book yesterday, I would already have read it.

_____

4. I wish I could understand him.

_____

5. I wish I could have understood him.

_____

6. It would be nice if we could stay home today.

_____

7. If only we could have stayed home yesterday.

_____

8. I'd prefer not to see him again.

_____

Name: _____

Additional Exercises: Unit 10

A. Form questions for the following statements, using either *wo* or *wohin*.
1. Der Wagen steht hinter dem Haus.

_____

2. Ich habe den Wagen hinter das Haus gefahren.

_____

3. Der Hund schläft immer unter der Bank.

_____

4. Er brachte sein Geld auf die Bank.

_____

5. Köln liegt am Rhein.

_____

B. Answer the following questions, using in your answers one of the prepositions that can take either the dative or accusative.
1. Wo hast du denn das Geld gefunden?

_____

2. Wo warst du denn gestern?

_____

3. Wo seid ihr denn gestern hingefahren?

_____

4. Wo ist Vater?

_____

5. Wo hast du das Buch denn hingelegt?

_____

C. Supply the missing words.
1. Meyer ist vor _____ Jahr nach Afrika gefahren.

2. Wir kamen gerade aus _____ Theater.

3. Wo geht ihr denn heute abend _____?

4. Von Mainz sind wir über _____ Rhein nach Frankfurt gefahren.

5. _____ sind denn meine Bücher?

6. Sie liegen unter _____ Zeitungen.

7. Erika wohnt jetzt _____ ihrer Tante.

8. Wenn du nicht mitgehen willst, gehe ich ohne _____.

9. Wenn er hier gewesen _____, _____ er mich bestimmt besucht.

10. _____ ich nach Berlin komme, werde ich ihn besuchen.

D. Express in German.
    1. Where was he during this time?

    _____

    2. He was in Switzerland because of his novel.

    _____

    3. The title of his novel is The Architect's Daughter.

    _____

    4. Ingelheim's novels are all very good.

    _____

    5. Professor Schmidt's books are not so good.

    _____

    6. The professor's books are too long.

    _____

    7. I have never read one of his books.

    _____

    8. Is this one of Ingelheim's stories?

    _____

    9. No, it is one of the professor's stories.

    _____

    10. One of the professor's sons is a friend of mine.

    _____

E. The following are incorrect phrases; rewrite them as they should be written.
    1. Sie ist eine Müllers Freundinnen.

    _____

    2. Er ist einer von den Freunden von mir.

    _____

    or: _____
    3. Ist das der Frau Müller Freundin?

    _____

Name: _____

Additional Exercises: Unit 11

A. Change the following sentences to indirect discourse, starting with *Er sagte, daß* . . . . Change pronouns as appropriate.

1. Ich gehe heute abend mit meiner Freundin ins Kino.

    Er sagte, daß_____
2. Ich bin heute abend nicht zu Hause.

    Er sagte, daß_____
3. Wir haben schon ein Haus.

    Er sagte, daß_____
4. Ingelheim fährt nach Afrika.

    Er sagte, daß_____
5. Ich heiße Behrens.

    Er sagte, daß_____
6. Ich verstehe Sie nicht.

    Er sagte, daß_____
7. Ich komme zu Ihnen.

    Er sagte, daß_____

B. Supply the normal subjunctive forms and the alternate subjunctive forms of the verbs in parentheses. If the alternate subjunctive is not possible, mark the second blank with an *X*.

1. Er hat mir erzählt, daß er schon wieder in Afrika
   gewesen (<u>sein</u>).   _____ , _____

2. Er sagte, er (<u>haben</u>) mich in Kairo gesehen.   _____ , _____

3. Erika sagte, sie (<u>fahren</u>) bald wieder nach Hause. _____ , _____

4. Inge sagte, Erich (<u>geben</u>) ihr jedes Jahr ein Buch. _____ , _____

5. Herr und Frau Meyer sagten, sie (<u>kaufen</u>) wieder einen
   Mercedes.   _____ , _____

6. Wir sagten Erich, daß wir bald wiederkommen (<u>werden</u>). _____ , _____

7. Wir sagten ihm, wir (<u>sein</u>) bald wieder da.   _____ , _____

C. Change the following imperatives to indirect discourse, starting with *Er sagte,* . . . .

1. Ruf mich doch bitte morgen an.

    _____

2. Kommt doch mit ins Kino.

    _____

3. Bleib doch zu Hause.

    _____

4. Wünschen Sie mir Glück; ich brauche es.

    _____

5. Werde doch endlich einmal vernünftig.

    _____

D. In the following sentences, supply *als, ob, wann,* or *wenn.*

1. Hermann schrieb, es sähe so aus, _____ hätte Erich das Geld gestohlen.

2. Warum hast du denn nichts gesagt, _____ du wußtest, daß Anton hier in Berlin war?

3. Ich stand gerade vor Erichs Zimmer, _____ er mit Hermann telefonierte.

4. Ich kann Ihnen leider nicht sagen, _____ Ingelheims Romane auch in England erschienen sind.

5. Wir waren gerade nach Hause gekommen, _____ Gerda anrief.

6. Können Sie mir sagen, _____ der Zug in Köln ankommt?

E. Express in German.

1. Please let me know if you are coming.

_____

2. If you come, we'll go to the theater.

_____

3. When he called I was already in bed.

_____

4. When did he call?

_____

5. I don't know when he called.

_____

6. I was never at home when he called.

_____

Additional Exercises: Unit 12

A. Each of the following incomplete sentences contains a blank for a relative pronoun. Fill in the correct forms.

1. Die Gefühle, mit _____ ich vor ihr stand

2. Die Menschen, von _____ wir sprachen

3. Gedanken, _____ man schon bei Platon findet

4. Die Geschichte, _____ er nun erzählte

5. Die Eltern, _____ Kinder aufs Gymnasium gehen

6. Mein Freund, durch _____ ich sie kennengelernt habe

7. Seine Frau, für _____ er den Mercedes gekauft hat

8. Der Garten, in _____ wir saßen

9. Menschen, _____ man gerne hilft

10. Ein Mädchen, _____ Vater sie nicht versteht

11. Ein Mädchen, _____ Mutter sie nicht versteht

12. Eine Frau, _____ jeder gerne hilft

13. Ein Buch, mit _____ Sie zufrieden sein werden

14. Der Tisch, _____ neben der Tür stand

15. Das Haus, von _____ ich gerade sprach

16. Inge, _____ damals erst achtzehn war

17. Das Land, durch _____ wir fuhren

18. Die Mädchen, _____ ich kenne

19. Werner, _____ damals schon dreißig war

20. Der Roman, von _____ du mir erzählt hast

21. Die Stadt, in _____ wir wohnen

22. Die Sachen, _____ mir gehören

23. Schmidts, ohne _____ Hilfe ich nie gesund geworden wäre

24. Ein Tag, _____ ich nie vergessen kann

25. Kinder, _____ Väter sie nicht verstehen

26. Die Stadt, in _____ wir fuhren

27. Die Stadt, durch _____ wir gingen

B.   Express in German.
  1. a. I am waiting for my son.

  _____

     b. I am waiting for him.

  _____

     c. I am not waiting for her, I am waiting for her mother.

  _____

     d. I am not waiting for you.

  _____

     e. I am waiting for her to come.

  _____

     f. I am waiting for her father to come home.

  _____

  2. a. May I invite you to dinner?

  _____

     b. May I invite you to go to the movies with us?

  _____

     c. I have invited him to go to the movies with us.

  _____

     d. It would be nice if we invited him to go to the movies with us.

  _____

  _____

  3. a. Thank you, Mr. Meyer.

  _____

     b. Did you thank Mr. Meyer?

  _____

     c. Did you thank him for the book?

  _____

     d. I should like to thank you, Mr. Meyer.

  _____

     e. I should like to thank you again for having done so much for us.

  _____

  _____

C.   Express in German.
  1. Until yesterday I had heard nothing from him.

  _____

  2. When they had eaten, they were already over the Atlantic.

  _____

Name: _____

Additional Exercises: Unit 12 (Continued)

(C. Continued)
   3. Every time she picked me up at the airport she had to wait for a long time.

   _____

   _____

   4. He acted as if I were his secretary.

   _____

   5. I can't give you more than I have given him.

   _____

   6. If we had not stopped in front of the station, we would not have seen her.

   _____

   _____

   7. If I hadn't seen her, she would have had to take the streetcar.

   _____

   8. Writers who haven't been in Italy shouldn't write about Italy.

   _____

   _____

   9. Hermann, in whose house I was supposed to live, was the director of a bank in Hamburg.

   _____

   _____

   10. She looked as if she hadn't slept well.

   _____

   11. He showed us the picture of a girl who was at least eighteen.

   _____

   12. Of that I would never have thought.

   _____

   13. We were standing in front of the door, and we knew that somebody stood behind it.

   _____

   _____

   14. May I invite you to a cup of tea?

   _____

   15. Can you think of something with which I could make her happy?

   _____

   16. I'm so tired tonight; I don't want to read.

   _____

   17. Although I had never met him, I knew who he was.

   _____

   18. My wife became very restless, because she thought she had forgotten the keys.

   _____

19. When I went to bed, he wasn't home yet; he didn't come home until four o'clock.

_____

_____

20. He had not slept well and wanted to go to bed early.

_____

D. Supply the missing words. Pay particular attention to the correct case after prepositions.

1. Klaus hat Rosemarie _____ Hotel angerufen.

2. Gestern war er mit _____ in _____ Regina-Bar.

3. Klaus will _____ elf Uhr _____ Hotel kommen.

4. Klaus ist schon _____ acht Uhr auf.

5. Er _____ Hunger und möchte bald frühstücken.

6. Nach _____ Frühstück wollen sie in _____ Stadt gehen.

7. Rosemarie will wissen, _____ das Wetter ist.

8. Das Wetter könnte nicht besser _____ .

9. Am Abend wollen sie zusammen _____ Theater gehen.

10. Klaus sagte, das _____ eine gute Idee.

Name: _____

Additional Exercises: Unit 13

A. Rewrite the following sentences containing subjective modals by using introductory statements like *Ich glaube, daß . . . , Ich höre, daß . . . , Es war möglich, daß . . .* . Watch for the correct tense.

Examples:
a. Er muß schon zu Hause sein.
   Ich glaube, daß er schon zu Hause ist.
b. Er könnte nach Berlin gefahren sein.
   Es ist möglich, daß er nach Berlin gefahren ist.

1. Anita soll in Rom studiert haben.

   _____

2. Ingelheim will General gewesen sein.

   _____

3. Er könnte ja auch General gewesen sein.

   _____

4. Es muß schon sehr spät sein.

   _____

5. Er mag wohl zu viel gegessen haben.

   _____

6. Damals muß er sehr glücklich gewesen sein.

   _____

B. Change the present infinitives to past infinitives.
1. Er muß schon um sechs Uhr hier sein.

   _____

2. Inge scheint Englisch zu lernen.

   _____

3. Das kann er ihr doch nicht sagen.

   _____

4. Er muß den Brief heute bekommen.

   _____

5. Man braucht nicht zu studieren, um hier arbeiten zu können.

   _____

C. Change from present indicative to present subjunctive and add *eigentlich* in the place indicated by / . Then translate these sentences into English.
1. Ich muß / einmal mit ihm reden.

   a. _____

   b. _____

2. Ihr sollt / Russisch lernen.

   a. _____

   b. _____

3. Du kannst mir / eine Tasse Kaffee machen.

   a. _____

   b. _____

4. Ich soll / morgen in Berlin sein.

    a. _____

    b. _____

5. Ich darf / keinen Wein trinken.

    a. _____

    b. _____

D. Change from past indicative to past subjunctive. Add *eigentlich* in the place indicated by / .
1. Damals sollte ich / den Meyer heiraten.

_____

2. Er mußte / schon längst zu Hause sein.

_____

3. Sie durfte / nicht an die Nordsee fahren.

_____

4. Er mußte / ins Krankenhaus.

_____

5. Du brauchtest / nicht bei Nacht nach München zu fahren.

_____

E. In the following sentences, change the modals from indicative to subjunctive. Add *eigentlich* when appropriate.
1. Sie war krank und mußte im Bett bleiben.

_____

2. Ich darf keinen Kaffee trinken.

_____

3. Damals hatte ich viel Geld; wenn ich wollte, konnte ich jedes Jahr an die Riviera fahren.

_____

4. Wenn Tante Amalie ins Museum gehen wollte, mußte ich natürlich mitgehen.

_____

F. Express the following ideas by using the proper form of modals.
1. He claims to have known my father.

_____

2. He claimed to be a physician.

_____

3. I hear that he has gone to Rome again.

_____

4. We can assume that he has stayed here.

_____

5. It isn't possible that he stayed there.

_____

Name: _____

Additional Exercises: Unit 13 (Continued)

G. Change into contrary-to-fact conditions, first with *wenn* and then without *wenn*.
   1. Weil ich nie in Italien gewesen bin, kann ich natürlich keine Romane über Italien schreiben.

   a. _____

   b. _____
   2. Weil er mich nicht richtig verstanden hat, hat er wahrscheinlich einen Fehler gemacht.

   a. _____

   b. _____
   3. Weil Erika krank war, mußte sie zu Hause bleiben.

   a. _____

   b. _____

H. Change the following statements to wishes contrary to fact, using either *doch nur* or *doch nur nicht* and starting with *wenn* and then without *wenn*.
   Example:
   Er ist nach Italien gefahren.
   a. Wenn er doch nur nicht nach Italien gefahren wäre.
   b. Wäre er doch nur nicht nach Italien gefahren.
   1. Wir sind gestern abend ins Theater gegangen.

   a. _____

   b. _____
   2. Ich habe zu viel Kaffee getrunken.

   a. _____

   b. _____
   3. Schwimmen hatte sie leider nie gelernt.

   a. _____

   b. _____

I. Express in German.
   1. Yes, I know them. I got to know them in Mainz before the war.

   _____

   2. I won't drive back until tomorrow; I wanted to drive home this morning already, but then Tante Amalie invited me to supper (Abendessen).

   _____

   _____

   3. He doesn't seem to be at home. Where can he be? He can't have gone to the movies yet.

   _____

   _____

   4. You should have sent the letter to me immediately.

   _____

   5. I must have slept a few hours when the phone rang.

   _____

6. If I didn't have to go out tonight, I would rather stay home in this rain.

_____

_____

7. You really ought not to act as if you knew everything. (Use *so* in front of *tun*.)

_____

8. Dr. Schmidt was at the Meyers' too; you must have met him there.

_____

_____

Name: _____

Additional Exercises: Unit 14

A. Restate the following sentences by using the subject in parentheses. Be sure to distinguish between dative and accusative reflexives.
1. Hat er sich endlich beruhigt? (du)

_____

2. Er hat sich noch nicht rasiert. (ich)

_____

3. Was hat er sich wohl dabei gedacht? (du)

_____

4. Ich hoffe, sie hat sich nicht erkältet. (ich)

_____

5. Warum setzen Sie sich denn nicht? (wir)

_____

6. Das bildet er sich nur ein. (du)

_____

7. Er hat sich die Haare schneiden lassen. (ich)

_____

8. Haben Sie sich verletzt? (du)

_____

9. Sie hat sich den Arm gebrochen. (ich)

_____

10. Er hat sich noch nicht vorgestellt. (ich)

_____

B. Restate the following sentences containing a statal present by using the corresponding perfect of the reflexive.
1. Bist du schon angezogen?

_____

2. Sind die Kinder schon gebadet?

_____

3. Er ist sehr gut vorbereitet.

_____

4. Ist sie jetzt beruhigt?

_____

5. Ich bin jetzt so an dieses Haus gewöhnt.

_____

C. Restate the following sentences by replacing the reflexives by a statal present.
    1. Ich habe mich noch nicht umgezogen.

    _____

    2. Weißt du schon, daß Meyers sich haben scheiden lassen?

    _____

    3. Jetzt habe ich mich endlich einmal ausgeschlafen.

    _____

    4. Ich habe mich einfach überarbeitet.

    _____

    5. Haben Sie sich jetzt endlich davon überzeugt?

    _____

D. Express in German by using a reflexive verb.
    1. I've decided to go to Italy this summer.

    _____

    2. I think I've caught a cold.

    _____

    3. I just can't get used to it.

    _____

    4. He told me that I had changed, but he himself had changed, too.

    _____

    5. Had he prepared himself well?

    _____

E. Change the following sentences to imperative sentences, using *doch mal* in the inner field.
    1. Haben Sie Meyers Telefonnummer? (Use *geben.*)

    _____

    2. Haben Sie schon nachgesehen, wo Meyer jetzt wohnt?

    _____

    3. Wie wäre es denn, wenn du das Auto in die Garage führest?

    _____

Name: _____

Additional Exercises: Unit 15

A.   Insert the correct form of the words in parentheses into the blanks.

1. Haben Sie _____ _____ Mann hier gesehen? (ein, jung)

2. Ja, der _____ Mann war vor _____ Minute noch hier. (jung, ein)

3. Dann ist er in das _____ Haus dort drüben gegangen. (neu)

4. Vor dem _____ Haus steht _____ _____ Wagen. (neu, sein, alt)

5. Mit _____ _____ Wagen ist er aus Köln gekommen. (dies-, alt)

6. _____ Wagen wie _____ sieht man hier nicht oft. (alt, dies-)

7. In _____ _____ Wagen sitzt _____ _____ _____ Mädchen. (sein, alt, ein, blond, jung)

8. Das _____ _____ Mädchen heißt Brunhilde. (blond, jung)

9. Sie ist _____ und _____ . (intelligent, interessant)

10. Der Vater des _____ Mädchens ist _____ _____ Freund von mir. (jung, ein, alt)

11. Aber was ist aus dem _____ Mann geworden? (jung)

12. Am _____ Tag steht in der Zeitung: „_____ Mann spurlos verschwunden." (nächst-, jung)

13. _____ Leute sollten eigentlich nicht spurlos verschwinden. (jung)

14. Vielleicht ist er mit dem _____ Wagen in die _____ Stadt gefahren. (alt, nächst-)

15. Und vielleicht lesen wir _____ Woche: „_____ Mädchen spurlos verschwunden." (nächst-, jung)

16. Dann wissen wir: Der _____ Mann ist mit dem _____ Mädchen zusammen verschwunden. (jung, jung)

17. Aber die _____ Eltern haben _____ Angst. (arm, groß)

18. Sie nehmen _____ _____ Mercedes und fahren trotz des _____ Wetters zur _____ Stadt. (ihr, neu, schlecht, nächst-)

19. Dort finden sie ihre _____ Kinder in _____ _____ _____ Hotel. (lieb, ein, klein, gemütlich)

20. Die _____ Kinder haben geheiratet und sind sehr _____. (lieb, glücklich)

B. Rewrite the following sentences in the plural.

1. Ihr langer Brief hat mich sehr beruhigt.

_____

2. Ich habe einen sehr guten Platz im Theater bekommen.

_____

3. Seit gestern fährt ein neuer Bus nach Weinstadt.

_____

4. Ich habe mich sehr über das neue Buch gefreut.

_____

5. Ich muß heute abend einen langen Brief schreiben.

_____

C. Rewrite the following sentences in the singular.

1. Gute Bücher findet man nicht oft.

_____

2. Ich habe mich über die alten Herren aufgeregt.

_____

3. Ich habe mich wochenlang ausruhen können.

_____

4. Ich freue mich immer auf eine interessante Party.

_____

5. Selbst intelligente Menschen machen manchmal Fehler.

_____

D. Express in German.

1. Are you well prepared for the next exam?

_____

2. Please don't sit on this old chair.

_____

3. Have you recovered from the last party?

_____

4. That was really a very good wine.

_____

5. At the Meyers you always get good wine.

_____

Name: _____

Additional Exercises: Unit 16

A. Each of the following sentences contains <u>one</u> error. Rewrite the sentences and correct the mistakes.

1. Er hat mir nach Berlin zu kommen versprochen.

_____

2. Erich kam gerade aus dem Haus herein.

_____

3. Meyer hat sich ein Haus gebaut lassen.

_____

4. Es hat zu regnen geschienen.

_____

5. Frau Meyer hatte nie zu fahren lernen müssen.

_____

6. Hans ist viel mehr interessant als Erich.

_____

7. Hans arbeitet viel mehr dann Erich.

_____

8. Mir gefällt <u>Die Frau mit dem Flamingo</u> der beste.

_____

9. Ingrid ist nicht so groß als ich.

_____

10. Plötzlich ist das Licht hinausgegangen.

_____

B. Express in German.

1. He walked along beside her.

_____

2. The lights went out.

_____

3. Did you go out last night?

_____

4. When we walked into the hotel, he was just coming out.

_____

5. Where are you coming from?

_____

6. He went to the movies without taking me along.

_____

7. He went to the movies without my knowing it.

_____

8. I've never thought of staying here so long.

_____

9. Dr. Schulz allowed me to stay in Munich.

_____

10. You forgot to call me last night, Alfred.

_____

11. We were astonished to hear that Alfred had married Annemarie.

_____

12. Gabriele said that Michael was simply not to be found.

_____

C. Change the adjectives to superlatives.
    1. Hier bei uns ist das Wetter gut.

    _____

    2. Gerhard hat viel gegessen.

    _____

    3. Ich esse gern Wiener Schnitzel.

    _____

    4. Im Dezember sind die Tage kurz.

    _____

    5. Ist in München das Bier wirklich billig?

    _____

D. Connect the following sentences with _um . . . zu, statt . . . zu,_ or _ohne . . . zu._
    1. Er fuhr nach Afrika. Er schrieb einen Roman. (um)

    _____

    2. Er gab den Wagen seinem Sohn. Er hat ihn nicht verkauft. (statt)

    _____

    3. Er war eine Woche in München. Er ist nicht ins Theater gegangen. (ohne)

    _____

    4. Er fuhr schon am Samstag weg. Er blieb nicht bis Sonntag. (statt)

    _____

    5. Er kam nach Hamburg. Er wollte mich besuchen. (um)

    _____

E. Express in German.
    1. He suggested that we should send our son to Rome.

    _____

    2. He said that he had heard a woman sing.

    _____

    3. I'd like to know why she has never learned to drive.

    _____

    4. You ought to stay home tonight instead of going to the movies.

    _____

    5. You shouldn't have left the car (standing) in front of the house.

    _____

Name: _____

Additional Exercises: Unit 17

A.   Insert the correct form of *gut* into each one of the following sentences.

   1. Ich möchte ein _____ Buch lesen.

   2. _____ Bücher sind immer interessant.

   3. Mit einem _____ Buch wird die Zeit nie lang.

   4. Es gibt nicht viele _____ Bücher hier.

   5. Wo hast du denn all die _____ Bücher her?

   6. So ein _____ Buch findet man nicht oft.

   7. Manches _____ Buch liest kein Mensch.

   8. Hätten Sie vielleicht noch ein anderes _____ Buch?

   9. Von was für _____ Büchern sprichst du denn?

   10. Ich habe diese Woche mehrere _____ Bücher gelesen.

B.   Change the underlined phrases to the singular and make other corresponding changes.
   1. Kennst du die alten Herren da drüben?

   _____

   2. Die beiden jungen Mädchen sind meine Schwestern.

   _____

   3. Alle jungen Menschen sollten einmal ins Ausland fahren.

   _____

   4. Sind das die neuen Maschinen?

   _____

   5. Ihre langen Briefe habe ich sofort beantwortet.

   _____

   6. Meyers sind alte Freunde von mir.

   _____

C.   In the following sentences, insert an appropriate *der-* or *ein*-word (if necessary) and the correct form of the adjective in parentheses.

   1. Er brachte mir _____ Wasser. (kalt)

   2. Er hält sich für _____ _____ Mann. (groß)

   3. Ich hätte gern etwas _____ Obst. (frisch)

   4. Du hast in _____ _____ Zeit zu viel gearbeitet. (letzt)

   5. Bei _____ Wetter bleiben wir zu Hause. (schlecht)

   6. Wegen _____ _____ Nebels konnten wir in Frankfurt nicht landen. (stark)

7. Barbara war die Mutter _____ _____ Kinder. (beid)

8. In _____ _____ Städtchen gibt es keine _____ Hotels. (klein, alt, groß)

D. Express in German.
   1. We paid good money for that.

   _____

   2. How expensive is your new car?

   _____

   3. Her long letter arrived only yesterday.

   _____

   4. I don't like to write long letters. (Use *gern*.)

   _____

   5. She wrote him many long letters.

   _____

   6. During the last war he was in France.

   _____

   7. Did you drive to Italy with that old car?

   _____

   8. For this old car he wants three thousand marks.

   _____

   9. Every large German city has at least one theater.

   _____

   10. All really good wines are expensive.

   _____

E. Express in German.
   1. What kind of man did she marry?

   _____

   2. To what kind of man is she married?

   _____

   3. I don't know what kind of cars those (*das*) are.

   _____

   4. To (*auf*) what kind of school did you go?

   _____

   5. You don't know what a beautiful girl Rosemary is.

   _____

   6. I didn't know what a dumbbell he is.

   _____

   7. Why didn't you tell me what an interesting husband she has?

   _____

Additional Exercises: Unit 17 (Continued)

(E. Continued)

8. What interesting people one can meet in Casablanca!

_____

9. What kind of shoes are you taking along?

_____

F.   Insert the words italicized in the first sentence as adjectives into the second sentence.

1. Die Goldstücke waren *verschwunden.* Niemand wußte, wo die _____
Goldstücke waren.
2. Er hatte einen langen Brief an sie *angefangen,* aber weil er nichts mehr von ihr hörte, ließ

er den _____ Brief einfach liegen.
3. Ingelheim war in Afrika *verschwunden,* aber nach vierzehn Tagen kam der in Afrika

_____ Ingelheim plötzlich zurück.

4. Meine Tante ist nach Amerika *ausgewandert.* Von meiner nach Amerika_____
Tante haben wir nie wieder etwas gehört.

G.   Change the italicized inflected form of the verb into a -*d* adjective and insert it into the second
sentence.

1. Die Menschen *hungerten.* Man sah viele _____ Menschen.

2. Jedesmal, wenn sie ihn sah, *klopfte* ihr das Herz. Mit _____ Herzen
sah sie ihn kommen.
3. Wir *sprechen* hier alle Deutsch. Es ist gut, wieder einmal unter Deutsch

_____ Menschen zu sein.
4. Ihre Augen *leuchteten.* In ihren _____ Augen las er die Antwort auf
seine Frage.

H.   Express in German.
1. Many young men went to war (*ziehen in*), but only few came back healthy.

_____

2. Some have everything, and many have nothing.

_____

3. A few went home, others stayed.

_____

4. Yesterday was such a beautiful day.

_____

5. On such a beautiful day one shouldn't work.

_____

6. I think quite differently about that.

_____

7. He has become quite a different person (*Mensch*).

_____

8. Other people (*Mensch*) think differently.

_____

9. She has done much good.

_____

10. At that time we had little to eat.

_____

11. Now we can eat as much as we want.

_____

12. Could you give me some money? I've left mine at home.

_____

13. We had to wait for several hours.

_____

14. I don't want to have anything to do with such people.

_____

15. Where do all these people come from?

_____

16. They didn't all come.

_____

17. Not all Germans speak good German.

_____

18. Only few Americans speak German well.

_____

19. His German is really very good.

_____

20. He was such a good husband.

_____

Name: _____

Additional Exercises: Unit 18

A.   Change the following sentences from the active voice to the actional passive. Do not change the tense. Omit the subject of the active sentence.

Example:
Man brachte ihn zurück.
Er wurde zurückgebracht.

   1. Das Baden hat man hier leider verboten.

   _____

   2. Man hat ihn überall gesucht.

   _____

   3. Man hat ihn in London gesehen.

   _____

   4. Man hatte uns gar nicht erwartet.

   _____

   5. Hier kann man uns nicht beobachten.

   _____

   6. Den Dieb hat man nie gefunden.

   _____

   7. Nichts hatte man vergessen.

   _____

   8. Man hat ihn gestern der Königin vorgestellt.

   _____

   9. Man konnte ihn leider nicht erreichen.

   _____

   10. Warum hat man ihn denn nicht eingeladen?

   _____

   11. Man erwartet mich zum Frühstück.

   _____

   12. Man soll ihn schon gestern erwartet haben.

   _____

   13. Man soll ihn in London gesehen haben.

   _____

   14. Man wird mich wohl nach Hamburg schicken.

   _____

   15. Man wird ihn wahrscheinlich nicht eingeladen haben.

   _____

   16. Darüber haben wir jetzt genug geredet.

   _____

17. Von seinem ersten Roman sprach man damals überall.

_____

18. Wir haben das noch nie versucht.

_____

19. Man bewundert ihn immer noch.

_____

B.   In the following sentences, supply either a form of *werden* or a form of *sein*.

1. Das Haus soll schon verkauft _____.

2. Ich wußte gar nicht, daß du morgen auch bei Meyers eingeladen _____.

3. Frau Meyer hat etwas gegen meine Frau; von denen _____ wir bestimmt nie eingeladen.

4. Kommst du auch, Emma? Oder _____ du nicht eingeladen.

C.   Rewrite the following sentences by turning the relative clauses into pre-noun inserts.

1. Die junge Frau, die wirklich ungewöhnlich intelligent ist, hat den ersten Preis gewonnen.

_____

_____

2. Die Leute, die gestern abend angekommen sind, sollen Amerikaner sein.

_____

_____

3. Meyer, der jetzt auch von seiner dritten Frau geschieden ist, lebt in Rom. (start with: Der. . .)

_____

_____

4. Das ist ein Buch, das sehr leicht zu lesen ist.

_____

_____